An Encyclopedia of Tea Culture

홍차와 함께하는

명화 속 티타임

Cha Tea 홍차교실 지음 | 박지영 옮김

북드림

contents

고전 소설이나 명화 속에는 다양한 티타임을 묘사한 장면
이 자주 등장한다. 평범한 티타임 장면들 같지만 잘 들여다보면 다양한
메시지가 숨겨져 있다. 여성들은 왜 실내에서 모자를 쓰고 장갑을 낀 채
차를 마시고 있을까. 가족들이 홍차를 마시는 장면을 초상화로 남긴 이유
는 무엇일까. 이와 같은 동작이나 배경을 해석해 가면 그림 속의 이야기를
훨씬 더 깊이 음미할 수 있다.

필자가 홍차에 흥미를 갖게 된 계기는 전문가가 우려내 준, 풍부한 맛
의 홍차 한 잔이었다. 투명한 선홍 빛깔, 깊고 은은한 향기, 살짝 조이는 듯
한 목 넘김, 입속에 남는 달콤한 여운. 그때까지 내 방식대로 우려서 마셔
온 홍차와는 분명히 뭔가 달랐다.

"맛있는 홍차란 어떤 것일까?" 이 질문의 답을 찾아가는 사이에 어느
새 맛뿐만 아니라 티룸의 장식이나 아름다운 차 도구, 손님의 눈을 즐겁게
해줄 테이블 세팅, 홍차에 관련된 역사와 문화적인 일화 등, 홍차를 즐기
는 환경에도 흥미를 갖게 되었다. 중국이나 대만, 인도, 스리랑카 등 아시
아의 홍차 산지를 방문하고, 동시에 홍차 문화를 육성해 온 유럽에도 발을
들이게 되자, 이 세계는 한층 더 넓어졌다.

그러한 여행지에서 만나는 즐거움의 하나로 홍차를 테마로 한 명화 감
상이 있다. 음료인 차는 안타깝게도 직접 마시기 전에는 그 풍미를 알 수
없다. 어떤 맛과 향기일지 상상으로 느낄 수밖에 없다.

티타임 풍경이 담긴 그림에서는 각 시대의 홍차의 위상, 사용되었던 차 도구, 곁들였던 티 푸드 등, 당시의 모습을 상세하게 찾아볼 수 있다. 그것은 홍차 문화를 연구하는 사람에게는 귀중한 자료가 된다. 한 장의 그림을 통해 끝없이 부풀어가는 상상의 즐거움은 필자의 필생의 사업이 되었다.

하지만 티타임을 테마로 한 그림이 모두 거장으로 불리는 화가의 작품인 것은 아니다. 현지를 찾아가도 공개되어 있지 않거나 상세한 해설이 붙어 있지 않은 그림도 많다는 점이 고민이다. 배경 지식이 없는 채로 감상하면 그림에 숨겨진 진정한 테마를 알아채지 못할 수도 있다.

또 한 가지, 홍차 왕국인 영국의 그림이 적은 것도 흥미로운 부분이다. 유럽의 차 문화는 17세기 초에 네덜란드에서 출발했다. 네덜란드, 포르투갈, 프랑스, 독일, 오스트리아, 러시아 등 다양한 나라의 왕족과 귀족들이 새로운 문화의 전래에 민감하게 반응하여 궁정에서 차를 즐기게 되었다. 하지만 영국의 경우 1640년부터 1660년 사이에 청교도 혁명이 일어나 국왕이 처형되고 왕족과 귀족들은 망명하는 처지에 놓였다. 이런 상황이었기에 유럽 대륙에서 유행하고 있던 궁정의 차 문화는 도입되지 않았다. 민간의 커피하우스에서 차를 마실 수는 있었지만 그 위상으로 보면 '약'에 가까운 것이었다.

1660년 왕정복고 이후 차 문화의 대국인 포르투갈에서 왕비가 시집오자 영국에서도 궁정 차 문화가 유행하게 되는데, 50년도 안 되어 중산층

에게까지 침투한다. 이런 연유로 상류 계급의 권력의 상징으로서 '티타임 풍경'을 담은 그림이 영국에는 그리 많이 남아 있지 않은 것이다.

그렇기 때문에 홍차를 테마로 한 그림을 감상하기 위해서는 영국뿐만이 아니라 유럽과 미국의 작품까지 널리 살펴볼 필요가 있다. 약간 마이너한 회화 감상 여행이지만, 그만큼 광활한 미술관에서 원하는 그림을 발견했을 때의 기쁨은 더할 나위 없다.

이 책은 홍차가 거쳐온 역사와 문화를 60장의 그림으로 풀어나간다. 차가 주연인 그림도 있지만 조연으로 등장하는 그림도 있다. 어쩌면 독자 여러분이 이미 다른 테마로 주목했던 그림도 있을지 모르겠다. 순서대로 읽어도 좋고, 마음에 드는 그림에 담긴 이야기부터 읽으며 편안히 즐겨도 좋을 것이다.

맛있는 홍차와 함께 명화 감상 여행을 떠나보자.

 앳 홈

빅토리아 시대(*Victorian Age*, 영국 빅토리아 여왕이 통치하던 시기, 1837년~1901년) 주부들의 사교 습관 '앳 홈 *at home*'은 집에 사람들을 초대하여 함께 차를 마시는 간단한 티타임을 가리킨다. 각 가정에서는 일주일에 한두 번, 손님을 초대하는 요일과 시간을 정해서 미리 지인들에게 알렸다. 주로 점심 식사 후부터 저녁 식사 시간까지가 '앳 홈' 시간이다.

현관의 초인종이 울리면 하인이 손님을 맞이한다. 손님의 이름이 '거절 명단'에 올라 있지 않으면 응접실에 들인다. 여성 손님은 에티켓에 따라 목도리나 스카프를 벗었지만, 모자와 장갑은 벗지 않았다. 모자와 장갑까지 벗으면 오래 머물겠다는 뜻이기 때문이다.

여주인은 손님에게 앉으라고 권하고 티컵에 홍차를 따른다. 티 푸드로는 손으로 집어 먹을 수 있는 쿠키나 파운드케이크 등 간단한 것을 내놓는다. 다른 방문객이 오면 자리를 비워주는 것이 규칙이었다. 방문을 마치고 나올 때 만약 여주인이 '아쉬운 듯한 표정'을 짓는다면 다시 방문해도 좋다는 신호이다. 손님이 머무르는 시간은 평균 15~20분이었다.

미국인 화가 메리 커샛*Mary Stevenson Cassatt*의 그림 〈차*The Tea*〉에는 이러한 앳 홈 관습이 충실히 묘사되어 있다. 홍차를 마시는 손님은 모자와 장갑을 그대로 착용하고 있다.

커샛은 22세에 화가의 꿈을 안고 파리로 건너가 24세에 파리의 살롱전에 처음 입선했다. 그 후 인상파를 대표하는 거장 에드가 드가*Edgar Degas*에게 사사했고, 여성 직업 화가로서 대성했다.

앳 홈 관습은 엘리자베스 개스켈*Elizabeth Cleghorn Gaskell*의 소설 『크랜퍼드*Cranford*』에도 그려져 있다. 소설의 첫 부분에는 새로 이사 온 여성에게 동거할 사람이 마을의 앳 홈 규칙을 설명해 주는 장면이 나온다. "낮 12시 이후에 시간을 비워두세요. 이 마을에서는 12시부터 오후 3시까지가 방문 시간이에요." "아마 어머니께 이미 들어 아시겠지만, 손님이 다녀간 후에는 3일 이내에 답례 방문을 해야 해요. 15분 이상 상대의 집에 머물러서도 안 되죠."

소설에는 에티켓을 어긴 에피소드도 그려져 있다. 마을에서 한 명뿐인 의사가 과부와 약혼한다는 빅뉴스에 경악한 어느 부인이 지인에게 빨리 알려주고 싶은 마음에 방문 시간이 아닌데도 찾아간 것이다. 그 지인은 어쩔 수 없이 평상복 차림으로 손님을 맞이하게 되어 부끄러운 모습을 보일 수밖에 없었다.

계절이나 날씨에 따라 방문객이 적은 날도 있다. 그래도 앳 홈. 집에 있는 것. 바로 그것이 여주인의 '일'이었던 것이다.

메리 커샛, 〈차 *The Tea*〉
1880년, 보스턴 미술관

 애프터 디너 티

애프터 디너 티 *after dinner tea*는 정찬 후의 티타임 관습이다. 18세기 후반에 상류 계급에서 시작되어 19세기 전반에는 중산층 가정에도 정착되었다. 정찬은 저녁 8시 무렵 시작하여 11시가 다 되어서 끝난다. 정찬이 끝나는 시간은 식사의 속도에 따라 다소 차이가 있었기 때문에 귀가용 마차가 올 때까지 모여 있는 티타임 장소가 생겨난 것이다.

애프터 디너 티는 19세기 초에 관습으로 자리 잡았다. 주인이 정찬의 종료를 알리면 여성들이 먼저 안주인을 따라 다이닝 룸(*dining room*, 식당)을 나가 옆방으로 이동한다. 옆방인 드로잉 룸(*drawing room*, 응접실)에는 차나 커피가 마련되어 있고, 정찬의 긴장감에서 해방된 여성들은 차를 즐기면서 식후의 한때를 보냈다.

남성들은 서재나 흡연실, 당구장으로 이동했다. 대화나 궐련, 식후의 술을 즐기면서 정찬 도중에는 금지된 사업 이야기나 정치, 경제 이야기에 열을 올렸다. 때로는 다이닝 룸이 그대로 애프터 디너 티의 장소가 되었다. 30분에서 1시간 정도 후에 남성들도 드로잉 룸에 합류해서 마차가 올 때까지 편안히 기다렸다. 애프터 디너 티에서는 차에 위스키나 브랜디를 더하여 마시기도 했다. 적당한 알코올이 더해져서 긴장을 풀고 시간을 보낼 수 있었다고 한다.

그림의 왼쪽 앞 낮은 테이블에는 하얀색 바탕에 푸른색 문양이 그려진 티컵과 함께 작은 셰리(백포도주) 글라스가 놓여 있다. 병에 든 것은 물론 셰리일 것이다. 정찬 후의 티타임이므로 티 푸드는 곁들이지 않았다.

이 애프터 디너 티에는 특별한 손님이 초대되었다. 중앙에서 피아노를 치고 있는 작곡가 요한 슈트라우스 2세이다. 왈츠 〈아름답고 푸른 도나우*An der schönen blauen Donau*〉, 〈빈 숲속의 이야기*Geschichten aus dem Wienerwald*〉 등을 작곡한 그는 당시 오스트리아 황제 프란츠 요제프 1세*Franz Joseph I*와 견주어 또 한 사람의 황제로 빈에서 찬양받고 있었다.

이 그림이 그려진 1894년은 슈트라우스 2세의 데뷔 50주년이다. 빈 음악협회의 연주회를 비롯하여 전국 각지에서 축하 행사가 개최되었고, 그 자신도 여러 행사에 출석하여 연주했다. 이 그림은 그러한 정경을 그린 것이다. 오스트리아 제국 출신 화가 프란츠 폰 바이로스*Franz von Bayros*는 그의 열정적인 팬으로서 그와 친밀한 관계였다. 이 그림을 그리고 2년 후에 바이로스는 슈트라우스의 양녀와 결혼했다.

슈트라우스 2세의 피아노 연주를 들으며 애프터 디너 티를 즐긴다는 것은 더할 나위 없는 사치이다. 이 자리에 있는 사람들도 음악에 취했는지, 아니면 술기운에 기분이 들떴는지, 매우 만족한 표정을 짓고 있다. 이후 아름다운 멜로디를 떠올리면서 집으로 향했을 것이다.

프란츠 폰 바이로스, 〈요한 슈트라우스와의 저녁*Ein Abend bei Johann Strauss*〉
1894년, 빈 시립박물관

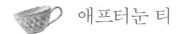

애프터눈 티

'애프터눈 티afternoon tea'는 영국을 대표하는 홍차 문화로 1840년 무렵에 시작되었다. 그 창시자는 영국의 명문 귀족인 제7대 베드퍼드Bedford 공작 부인 애나 마리아 러셀Anna Maria Russell이다. 그녀는 일본 회사 기린kirin의 '오후의 홍차' 제품의 상표 속 인물로도 알려져 있다. 애나 마리아는 1837년에 막 즉위한 젊은 여왕 빅토리아Alexandrina Victoria의 침실 담당 시녀로 4년간 일한 후 궁정 일을 사직했다. 풋내기 여왕의 대관식, 결혼, 출산그리고 불명예스러운 몇몇 스캔들까지, 농밀한 4년간을 바로 옆에서 보낸 공작 부인은 은퇴 후 사교계에서 인기 있는 존재가 된다.

그녀는 남편과 함께 벨보어 성Belvoir Castle에 초대받았는데 만찬이 좀처럼 시작되지 않았다. 기다리는 시간을 견디지 못한 그녀는 하인에게 객실에 차를 가져오도록 하여 곁들여진 버터와 빵으로 공복을 달랬다고 한다.

당시의 식사는 하루에 두 번, 즉 호화로운 아침 식사와 저녁 8시 무렵 시작되는 사교를 겸한 만찬이 기본이었다. 점심은 먹지 않든가 소량의 빵이나 말린 고기, 치즈나 과일과 같은 가볍고 간단한 음식으로 때웠다. 그렇기 때문에 오후 5시 전후에 배를 조금 채우는 것은 이후의 활동에도 좋은 영향을 주었다.

공작 부인은 벨보어 성에서의 경험을 토대로 오후 5시의 차를 일상화했다. '드로잉 룸'이라고 불리는 응접실에 샌드위치나 구운 과자 등 가벼운 간식과 차를 준비하여, 숙박하는 손님에게도 대접했다.

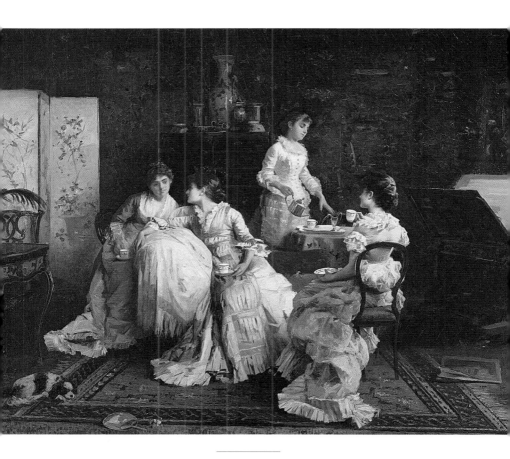

알렉산더 로시, 〈애프터눈 티*Afternoon Tea*〉
1878년, 개인 소장

1847년, 공작 부인의 손님 중 프로이센 대사 크리스티안 카를 폰 분젠 *Christian Karl Josias Baron von Bunsen* 남작이 있었다. 대사는 아내에게 보낸 편지에 "베드퍼드 공작가에는 티룸이 있소. 공작 부인은 오후 5시에서 5시 반 사이에 티룸에 나온다오. 손님이 도착하면 그 방으로 안내되어 쉴 수 있소" 라고 적었다.

빅토리아 시대는 '소박하고 검약한 시대'로도 일컬어진다. 빅토리아 여왕의 반려인 독일인 앨버트 공 *Albert of Saxe-Coburg and Gotha*의 방침도 그러했고, 애나 마리아의 남편 베드퍼드 공작도 선대로부터 물려받은 빚을 갚느라 절제된 생활을 하고 있었다고 한다. 따라서 만찬에 초대하는 사람의 수는 제한하고, 반대로 오후 5시의 애프터눈 티타임에는 많은 손님을 불러들여서 편안한 장소를 제공했다. 공작의 정치적 동지들, 공작 부인으로부터 궁정의 잡다한 이야기를 듣고 싶어 하는 스캔들 좋아하는 여성들, 그리고 상담이나 보고를 위해 찾아오는 영지의 백성들까지, 사람들에게 애프터눈 티는 가벼운 만남의 장이었다.

그림에 그려진 여성들은 모두 실내복 차림으로 담소를 나누고 있다. 중앙의 티포트를 들고 있는 인물이 여주인, 나머지는 숙박하는 손님들일 것이다. 모자나 장갑을 착용하고 있는 여성이 아무도 없다는 것이 그 증거다. 만찬 전의 시간이므로 티 푸드보다 대화에 열중하는 것도 상류층만의 습관일 것이다. 테이블 위에도 티 푸드는 보이지 않는다. 그녀들이 진한 밀크 티로 간단히 배를 채우고 나서 가질 만찬의 모습도 궁금해진다.

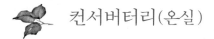# 컨서버터리(온실)

17세기 말 유럽에서는 오렌지 나무 키우기가 유행한다. 오렌지는 시누아즈리(Chinoiserie, 중국풍) 문화 중 하나로 인도나 중국에서 수입된 식물이었다. 오렌지 나무는 이탈리아 남부나 스페인, 포르투갈에서는 야외에서 자라는 식물이지만 북유럽 기후에는 맞지 않았다. 그래서 화분에 심어서 재배하고, 겨울에는 실내에 두었다.

오렌지 나무를 위해 남향으로 아치 형태의 커다란 유리창을 만들고 나머지 삼면은 벽돌로 쌓은 건물을 지었는데, 이 건물을 '오렌저리orangery'라고 불렀으며 여름에는 파티 장소로 이용했다. 1702년에 즉위한 영국의 앤Anne여왕은 즉위 기념으로 켄싱턴Kensington 궁 경내에 오렌저리를 만들었다. 여왕의 생일 기념 다회를 비롯하여 다양한 다회가 이곳에서 열렸다.

18세기가 되면 약초나 향료를 수집하고 탐구하기 위해 세계 각지에 파견된 식물 사냥꾼Plant hunter들이 이국의 식물을 가지고 돌아왔다. 상류 계층에서는 이러한 식물 수집이 지위의 상징으로 여겨졌고, 목제 틀에 유리를 끼운 '컨서버터리conservatory'에 보관하게 되었다. 컨서버터리는 '보관'을 뜻하는 라틴어 단어 'conservatorium'에서 유래한 이름이다. 중국에서 밀수한 차나무를 재배하는 사람도 있었다.

19세기가 되면 철제 창틀이 발명되고 유리 공법도 발달한다. 마침 유리세(稅)도 철폐되자 컨서버터리는 거대해졌다. 난로로 가열한 공기를 벽돌로 된 벽의 안쪽과 바닥 아래로 통하게 하는 기술이 발달하여 난방 기능도 진화했다.

에두아르트 게르트너, 〈컨서버터리의 베스트팔 가족Die Familie von Herrn Westphal im Wintergarten〉
1836년, 메트로폴리탄 미술관

런던의 큐 왕립식물원*Kew Royal Botanic Gardens*에서는 1만 6천 장의 유리로 구성된 거대 온실인 팜 하우스*Palm house*가 건설되어 타국의 주목을 받았다. 1851년 런던 만국 박람회의 회장인 수정궁*The Crystal Palace*도 거대한 컨서버터리로 볼 수 있다.

만국 박람회 이후 컨서버터리는 중산층의 주택에도 도입되었다. 상류 계층은 컨서버터리를 정원에 독립된 건물로 만들었지만 중산층들은 주택 건물에 이어서 증축했다. 컨서버터리에는 제2의 리빙 룸(거실)이라는 의미도 더해져 손님을 접대하는 장소로 이용되었다. 컨서버터리에서 열리는 다회에서는 그곳에서 키우는 이국의 식물도 화제 중 하나가 되었다. 멀리 나가지 않아도 컨서버터리 안에서 차를 즐기면 자연에 둘러싸인 기분을 느낄 수 있다. 시간에 쫓기고 있던 빅토리아 시대 사람들에게 컨서버터리는 동경의 공간이 되었다.

화가 에두아르트 게르트너*Eduard Gaertner*는 자신이 임대한 집의 주인이자 베를린의 유복한 양모 상인인 베스트팔*Westphal* 일가의 컨서버터리 티 타임을 그림으로 그렸다. 원예에 열정을 쏟았던 이 일가는 야자나무, 선인장, 아마릴리스, 수국 등 많은 진귀한 식물을 수집하여 키우고 있었다. 이국의 꽃을 재배하기 위해서는 식물에 대한 지식과 열정이 필요하다. 자신들이 손수 돌보아 기른 식물에 둘러싸인 공간에서 보내는 한때는 이 가족에게 더할 수 없이 소중한 순간이었을 것이다.

 여주인

가족들이 단란함의 상징인 난로 앞에서 편안한 한때를 보내고 있다. 그림 중앙의 다기가 놓인 테이블은 동양에서 온 수입품으로 '티 테이블*tea table*'이라고 불린다. 18세기 초 영국에는 놀랍게도 6천 대이상의 티 테이블이 수입되어 있었다. 빅토리아 앨버트 박물관*Victoria and Albert Museum*에도 당시의 테이블 진품이 전시되어 있다. 테이블 위에는 티 볼*teabowl*, 슬롭 볼*slop bowl*, 밀크 피처*milk pitcher* 등 당시의 귀중한 다기가 배치되어 있는데, 안타깝지만 문양은 보이지 않는다.

이 그림은 18세기에 복스홀 가든*Vauxhall Gardens*을 연 실업가 조너선 타이어스*Jonathan Tyers*의 가족 초상화다. 그는 원래 가죽 제품을 취급하는 상인이었는데, 1782년에 복스홀 가든의 전신인 뉴스프링 가든을 구입한다. 그리고 야외 음악회나 가면무도회를 여는 등 정원을 개방하여 큰 재산을 일구었다.

테이블의 양쪽에 그려져 있는 인물은 조너선과 티볼을 손에 든 그의 아내 엘리자베스 파머다. 학사모를 쓰고 있는 청년은 장남 토머스이고, 아직 앳된 얼굴로 앞을 바라보고 있는 소년은 차남 조너선이며, 분홍색 드레스를 입은 여성은 16세인 장녀 마거릿이다. 슬슬 사교계에 데뷔할 나이인 듯, 한쪽 손에는 숙녀의 상징인 장갑을 끼고 있다. 그리고 중앙에서 자랑스러운 듯한 표정으로 중국제 찻주전자를 들고 있는 소녀는 13세인 막내 엘리자베스다. 티타임을 테마로 한 가족 초상화에서 보통 찻주전자를 들고 있는 인물은 일가의 연장자인 '여주인*mistress*'이다. 그렇기에 엘리자베스

파머가 차를 따라주어야 하는데, 이 그림에서는 감히 막내 엘리자베스가 여주인의 역할을 맡고 있다.

18세기에는 차 문화를 즐기고 그와 관련된 에티켓을 구사하는 것을 상류 계급의 증거로 여겼다. 13세인 엘리자베스는 그 교양을 이미 몸에 익혔을 것이다. 여주인 역할을 굳이 막내에게 맡긴 이 그림의 연출은 일가의 경제적 여유를 표상하고 있다.

계몽사상이 널리 퍼진 18세기, 이전까지는 아이를 낳는 것만이 주요 역할이었던 상류 계급의 여성에게 남성과 함께 손님을 접대하는 임무가 생겼다. 주인이 만찬에서 손님에게 고기를 잘라 나누는 것과 마찬가지로 다회에서 손님에게 차를 대접하는 일이 여주인의 역할이 되었다. 여주인은 다회의 초대 명단을 엄선하고, 티룸의 인테리어를 갖추고, 차나 티 푸드를 선정한다. 물론 다기의 선택도 중요한 일이었다. 또 손님이 편안하고 즐거운 시간을 보내도록 지적이고 센스 있는 대화도 이끌어야 한다. 여성의 교양은 다회에서 연마되었다.

화가 프랜시스 헤이먼*Francis Hayman*은 이 그림을 그린 후 복스홀 가든의 내부 장식도 맡았다. 타이어스는 이 그림이 매우 만족스러웠던 것 같다.

프랜시스 헤이먼,
〈조너선 타이어스와 그의 가족
Jonathan Tyers and His Family〉
1740년, 내셔널 포트레이트 갤러리

제임스 티소,
〈컨서버터리에서
In the Conservatory〉
1875~1878년, 개인 소장

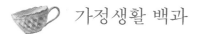 ## 가정생활 백과

　빅토리아 시대에 가사는 여주인의 업무이자 책임으로 여겨졌다. 중산층 가정에서는 하인이 여주인을 도왔지만, 여주인이 정확하게 지시하지 않으면 집안은 뒤죽박죽이 되어버린다. 찰스 디킨스Charles Dickens의 소설 『데이비드 코퍼필드David Copperfield』의 주인공 데이비드 코퍼필드는 연애 끝에 어린 아내 도라와 결혼한다. 도라는 유복한 가정에서 태어났는데, 일찍 어머니를 여의고 아버지의 극진한 사랑 속에 자랐다. 형식상 신부 수업을 했지만 가사 능력이 전혀 없었다. 결혼 전 데이비드는 도라에게 '가정생활 백과book of household management'를 사줬지만, 안타깝게도 그 책은 반려견의 베개가 되어버리고 제구실을 하지 못했다. 그녀는 적절한 하인을 고용하는 데도 매번 실패하고, 맡은 일을 다하지 않는 그들을 문책하기는커녕 오히려 그들에게 업신여김을 당한다. 그 결과 손님 접대는 물론이고 매일의 생활조차 제대로 되지 않는다.

　당시 여주인을 도와준 가정생활 백과에는 가사의 노하우뿐 아니라 이상적인 주부가 되는 정신론까지 정리되어 있었다. 1861년 비튼Beeton 출판사에서 간행된 『비튼 부인의 가정생활 백과Mrs. Beeton's Book of Household Management』는 수많은 유사한 책들 중에서 가장 유명하다. 편집자인 이저벨라 비튼Isabella Mary Beeton은 중산층 상인의 딸로 태어났지만, 어린 나이에 아버지를 여의고 생활고를 겪었다. 이후 어머니의 재혼으로 인쇄업과 경마장을 경영하는 유복한 양부 아래서 우아한 생활을 했다. 그러한 그녀가 연애결혼을 한 상대는 작은 출판사의 경영자였는데, 그녀는 출산 후 육아와 함께 남편의 일을 도와 편집 일에도 힘을 쏟았다.

이저벨라는 주부로서의 경험이 적어 집안일에 미숙했지만 운 좋게도 좋은 벗들과 조언자들을 얻을 수 있었다. 그 덕분에 많은 사람들의 체험을 참고하여 가정생활 백과를 완성했다. 여기에는 다양한 계급의 생활을 체험한 그녀의 배려도 담겨 있다. 이저벨라가 만든『비튼 부인의 가정생활 백과』는 간행 후 10년 만에 2백만 부가 팔리는 베스트셀러가 된다.

『비튼 부인의 가정생활 백과』에는 교양을 닦는 것의 중요성이 기술되어 있다. "하인들에게 지시를 다 하고 나면 적절한 여가를 즐깁시다"라고 했는데, 물론 티타임이나 독서도 여가의 하나였다.

그림 속의 여성은 창가의 벤치에 기대 누워 책장을 넘기고 있다. 〈티타임의 휴식〉이라는 제목대로 가사 도중 쉬고 있는 여주인을 그렸을 것이다. 지저분한 일에 적합한 무늬가 있는 복장, 하인이 입은 것보다는 고급인 앞치마. 꽂꽂이를 하던 중이었을까, 손에는 꽃가지를 들고 있다.

앨버트 세발리어 테일러, 〈티타임의 휴식 *A Teatime Rest*〉
1892년, 개인 소장

독서와 티타임. 시간에 쫓기면서도 가사와 여가를 양립시키고자 하는 여주인은 아마 하인을 많이 고용할 수 없어서 스스로 가사의 대부분을 담당하는 상황일 것이다. 몸에 익힌 '교양'이 어쨌든 이 여주인에게 여유를 가져다주기를 바랄 뿐이다.

알렉산더 프랜시스 라이던, 〈우번 애비(*Woburn Abbey*)〉, 20세기, 개인 소장

 카페

1906년의 카페 풍경을 그린 작품이다. 가게 안 오른쪽 구석에 라이브 연주를 하고 있는 음악가들이 있고, 그 바로 앞에서 아름다운 모자를 쓴 여성들이 환담을 나누고 있다.

유럽에서는 오래전부터 끓이지 않은 물을 마시는 것을 위험시하였으므로 물 대신 술을 많이 마셨다. 18세기 후반부터 시작된 산업 혁명은 나라에 막대한 이익을 가져다주었지만 빈곤과 빈부 격차도 낳았다. 도시에 인구가 집중되면서 주거 환경이 악화되고, 공장이 늘어나면서 장시간 노동과 낮은 임금 등의 문제가 생기자, 사람들은 스트레스를 해소하거나 추위를 달래기 위해 알코올을 과잉 섭취하게 된다.

알코올의 폐해는 점차 사회 문제로 인식되었고, 1830년대에 아일랜드를 시작으로 스칸디나비아 반도의 여러 나라들과 영국에 금주 단체가 설립된다. 스위스, 프랑스, 독일, 러시아 등도 뒤를 따랐다. 영국에서는 금주 운동을 '티토털^{teetotal}'이라고 불렀다. 절대 금주를 의미하는 'total'이라는 단어 앞에 강조사 'tee'가 붙은 것인데, 이것이 발음이 같은 'tea'와 겹쳐서 사용되었다. 요컨대 알코올 대신 차를 마시자는 운동이 된 것이다. 1839년 열대 기후에 맞는 인도의 신품종 차 아삼^{Assam}이 영국에 처음 선보였는데, 식민지의 차 재배가 이 티토털 운동에 도움이 되었다.

금주 운동은 처음에 교회를 활동 무대로 했다. 금주 협회는 독자적인 대규모 집회도 개최한다. 어떤 집회에서는 1천 2백 명이 모여서 차를 우려내기 위해 약 909리터의 물을 끓였다. '전 음주인'을 자칭하는 남성 40명이 '금주'라는 문자가 프린트된 앞치마를 두르고 종업원 역할을 했다.

세계에서 가장 오래된 여행사 토머스 쿡*Thomas Cook*의 창업자 토머스 쿡은 금주가로서 동참하여 금주 집회 참석을 위한 단체 투어를 제공했다. 서서히 조합의 모임이나 직장의 친목회, 경조사 모임에서도 집회가 열렸다. 금주를 선언한 모든 사람이 계급을 초월하여 한마음이 되어 함께 활동을 펼친 것이다.

또한 각국 정부도 생활 및 노동 환경 개선과 함께 공원, 운동장, 도서관, 박물관, 동물원 등 공공시설의 건축을 추진하고 오락시설도 충실히 조성했다.

철도망이 발전하면서 사람들의 활동 범위가 확대되자 외출 시 휴식 공간이 필요해졌다. 하지만 금주 활동가에게 술을 파는 펍은 휴식할 수 없는 장소였다. 남성이 없는 장소에서만 음주가 허락되었던 여성들도 마찬가지로 갈 곳이 없었다.

프란츠 헤닝센,
〈코펜하겐의 카페*Café in Copenhagen*〉
1906년, 개인 소장

그러한 사람들을 수용하기 위해 1860년대부터 역사(驛舍), 공공시설, 백화점, 호텔 등에 생겨난 것이 카페다. 카페의 경영자나 투자자의 대부분은 금주 운동 지지자였다. 내부 장식은 여성이 안심하고 편히 시간을 보낼 수 있도록 아름답게 갖추어졌다. 1890년대에 들어서며 체인점을 내는 카페도 크게 늘어났다.

 클로짓

'클로짓^{closet}'이라는 말은 17세기부터 등장한다. '닫다'를 의미하는 라틴어 'clausum'에서 유래했다. 주로 침실의 옆방에 배치되는 공간을 가리키는 말로 르네상스 양식 건축물에서부터 등장한다. 그 수는 아무리 큰 대저택이라도 주인과 부인을 위한 2개가 최대였다.

옛날 건축에서 저택은 중앙의 큰 계단을 중심으로 두 개의 구획으로 구성되었다. 오른쪽은 주인의 거주 공간, 왼쪽이 그 아내의 거주 공간이다. 건물 내부에는 기본적으로 복도가 없다. 계단에 가까운 바로 앞의 방에서 안으로 계속 방이 이어지는 구조로, 안으로 들어갈수록 외부인의 출입은 제한되었다. 침실, 그리고 클로짓은 왕족이나 귀족이 사생활을 지키기 위해 최종적으로 문을 '닫을' 수 있는 유일한 장소였다.

클로짓은 난방 효과를 고려하여 작게 설계되었으며 옷을 갈아입거나 개인적인 기도를 하거나 사람들에게 보이고 싶지 않은 편지를 쓰는 장소가 되었다. 18세기 전반까지는 이러한 사적인 공간을 가지는 일이 매우 사치스러운 것으로 여겨졌다. 한때 클로짓에는 특별세가 부과되기도 했다.

이 사적 공간에 주인이 누구를 불러들이는가는 사람들의 관심의 대상이기도 했다. 주인이 만약 당신을 클로짓에 초대한다면, 그것은 당신을 특별히 마음에 들어 하고 인정한다는 뜻이다. 그리고 그 문이 닫혔다면, 주인은 신분을 떠나 마음을 터놓고 당신의 솔직한 의견이나 충고를 바란다는 뜻이다. 보통 사람들 앞에서 할 수 없는 소문 이야기나 험담, 때로는 공개할 수 없는 성적인 관계도…….

클로짓에서 행해지는 모든 일은 비밀이다. 17세기에 불로불사의 묘약

으로 불린 차를 주로 클로짓에서 마신 것은 어쩌면 당연한 일일 것이다.

이 그림은 켄싱턴 궁에 있는 여왕의 아파트 안 클로짓을 그렸다. 17세기 후반에 세인트폴 대성당을 건축한 크리스토퍼 렌Christopher Wren이 설계한 것이다. 그림에서는 클로짓의 문이 열려 있다. 이 방은 메리 2세가 사용했고, 그 후 동생인 앤 여왕이 이어받았다. 메리 2세는 내향적인 성격으로 친구가 적었으므로 클로짓에서 주로 남편과 다회를 즐겼다. 반면 앤은

제임스 스테파노프,
〈켄싱턴 궁의 여왕의 클로짓
The Queen's Closet, Kensington〉
1817년, 로열 컬렉션 트러스트

사교적이어서 넓고 얕은 관계였던 많은 신하들과 차를 함께했으므로 당시 유행한 컨서버터리나 드로잉 룸이 그 무대가 되었고, 초대 손님도 많았다.

앤은 클로짓에 말버러Marlborough 공작 부인 세라 처칠Sarah Churchill이 정기적으로 드나들 수 있도록 허락했고, 두 사람만의 티타임을 일과로 하고 있었다. 하지만 클로짓에서의 관계는 때로 상대의 자존심을 건드리게 될 수도 있다. 공작 부인의 정치적인 야심과 여왕의 책무에 대한 쓴소리는 앤의 노여움을 샀고, 그녀는 결국 궁정에서 추방되었다. 여왕이 말하는 대등한 관계는 어디까지나 여왕이 바라는 범위 안에서만 허락되었던 것이다. 여왕과 공작 부인은 이 클로짓에서 격렬한 논쟁을 했고, 그로 인해 여왕은 유일한 벗과 영원한 이별을 하였다. 클로짓은 갖가지 비밀을 품은 방이다.

 찻잎 점

점은 영국의 대중문화다. 19세기 후반 인도나 스리랑카에서 차를 재배할 수 있게 되어 차의 생산량이 급격히 증가하자 찻잎의 가치는 떨어졌다. 누구든 가볍게 홍차를 구입할 수 있는 환경이 만들어져, 홍차는 영국의 국민 음료로 정착했다. 원래 점을 좋아하던 영국인은 일상생활에 뿌리내린 홍차 잎으로도 새로운 문화를 만들어냈다. 마지막에 찻잔에 남은 차 찌꺼기로 운세를 점치는 '찻잎 점 *tasseomancy*'이 탄생한 것이다. 1870년 무렵부터는 잡지나 신문에 찻잎 점에 관한 기사가 실렸고, 1890년대가 되면 찻잎 점은 누구나 알고 있는 점술로 정착된다.

당시의 여러 자료에 기록된 찻잎 점 치는 방법을 소개해 보겠다. 우선 차 거름망 없이 티컵에 홍차를 따른다. 점치고 싶은 내용을 머리에 떠올리면서 홍차를 마신다. 티컵의 바닥에 한 모금 정도의 홍차를 남긴 후 차 찌꺼기를 모은다. 티컵을 왼쪽 방향으로 세 번 돌린 후, 찻잔 받침(소서 *saucer*) 위에 위에 엎어두고 바닥을 두드려서 남은 수분을 떨어뜨린다. 잠시 후 티컵을 들어서 남은 차 찌꺼기의 형태를 확인하여 점을 치는 것이다.

티컵의 오른쪽에 나타난 모양은 미래, 왼쪽은 과거를 알려주는 것이다. 차 찌꺼기가 티컵의 가장자리에 몰려 있으면 가까운 미래를, 바닥 쪽으로 갈수록 더 먼 미래를 나타낸다. 차 찌꺼기는 나무나 꽃, 동물, 물고기나 곤충, 건물이나 배(船), 하트나 스페이드 형태 등 여러 가지 형태를 나타냈다. 개 모양은 좋은 친구와의 만남, 말은 소망의 성취, 고양이는 배신으로 풀이됐다.

윌리엄 팩스턴, 〈찻잎Tea Leaves〉
1909년, 메트로폴리탄 미술관

차 찌꺼기 모양은 시대나 지역에 따라 다르게 해석됐다. 더 상세히 점을 보기 위해 차 찌꺼기 모양의 해석을 정리한 지침서도 팔렸다. 필요할 때 도움이 되는 책을 가까이 두면 전문가가 아니라도 점을 칠 수 있었다. 찻잎 점은 여성을 매료시켰고 영국 이외의 나라에서도 유행했다. 그중에서도 미국인이 특히 찻잎 점에 열광하여 미국의 출판사에서도 찻잎 점 지침서가 다수 출판되었다.

이 그림은 미국의 보스턴에서 그려졌다. 1773년 보스턴 티 파티 사건 이후 보스턴에서는 홍차를 멀리하는 분위기가 고조되었지만, 사건이 일어난 지 백 년이 지난 1873년 무렵부터는 차에 대한 부정적인 인식도 줄어들고 차를 좋아하는 사람도 많아졌다.

그림에 그려져 있는 여성들은 '앳 홈' 중인 듯, 여주인은 티 드레스를 걸치고 있다. 모자를 쓴 손님의 시선은 티컵 속을 향하고 있다. 그 속에는 미래를 알려주는 차 찌꺼기가 붙어 있을 것이다. 그녀의 표정이 그리 밝지 않은 것을 보면 점의 결과가 좋지 않은 모양이다. 하지만 진지하게 점을 봐야 할 때는 대부분 점술사를 찾아갔으므로, 이 여성이 점친 내용은 아마도 일상의 사소한 문제일 것이다. 테이블 위에 레몬이 놓여 있는 것도 당시의 미국다운 티타임 정경이다.

 커피하우스

1650년에 유대인 무역상 제이콥Jacob이 대학가 옥스퍼드의 여관에 커피를 제공하는 카페 '제이콥스'를 열었다. 호기심 왕성한 학자나 학생들은 순식간에 이국적인 커피에 매료되었다. 제이콥스는 영국의 제 1호 '커피하우스coffeehouse'가 된다.

1652년에는 런던에도 커피하우스가 탄생한다. 튀르키예에서 활동하던 상인이 가게를 열고 하인 파스카 로제Pasqua Rosée에게 본토의 커피를 재현하게 했는데, 순식간에 세간의 화제를 끌었다. 그 후 커피하우스들이 속속 문을 열었고, 18세기 초두에는 런던 시내에만 3천 곳 이상이나 성업해 커피하우스 붐을 이루었다.

커피하우스는 신분이나 직업의 구별 없이 누구라도 출입할 수 있었지만 그 특전은 남성에게만 허락되었다. 입장료 1페니(현재 금액으로 약 1천 원)에 커피 한 잔 값 1페니만 지불하면 몇 시간을 머물러도 상관없었다. 17세기의 영국은 청교도 혁명Puritan Revolution, 크롬웰Oliver Cromwell의 독재 정치, 찰스 2세의 왕정복고, 페스트 유행, 런던 대화재 등 파란이 이어진 시대였다. 그러한 흐름 속에서 언론의 자유가 인정된 커피하우스에서는 정치, 경제, 과학, 예술 등 다양한 논의가 오갔다. 1페니로 많은 지식을 얻을 수 있는 공간이라는 점에서 '1페니 대학교penny university'라고도 불렸다.

그림을 잘 살펴보자. 여성 금지인 커피하우스의 카운터에 웬일인지 여성이 앉아 있다. 바로 '아이돌', 또는 '바 메이드'라고 불린 가게의 간판 여성이다. 커피하우스에서 그녀들만은 특별히 예외로 고용되었다.

그런데 커피하우스 중 커피, 코코아에 이어 무알코올 음료로 동양의 차를 소개한 가게가 있었다. 1657년 런던의 시티*the City*에 있는 작은 골목 익스체인지 앨리*Exchange Alley*에 자리한 개러웨이 커피하우스*Garraway's Coffee House*다. "차는 동양의 근사한 음료로 만병통치약"이라는 광고 아래 녹차를 제공했다.

영국의 해군 본부 행정관이자 저명한 일기 작가인 새뮤얼 피프스*Samuel Pepys*는 1669년 9월 25일, "한 잔의 차(중국 음료)가 나왔다. 내가 이제까지 마신 적이 없는 것이었다"라고 커피하우스에서 마신 녹차에 대해 기록하고 있다.

커피하우스에서 제공되는 찻물에는 세금이 매겨졌다. 세금이 찻잎이 아니고 '찻물'에 매겨진 것은 이유가 있다. 커피하우스에서는 찻잎을 주전자나 냄비에서 삶아서 우려낸 후 맥주와 마찬가지로 나무통 속에 보관하면서 수시로 난롯불로 다시 데워 손님에게 제공했기 때문이다. 그림을 잘 살펴보면 난로 위에 걸쳐 있는 냄비 앞에 차 제공용 포트가 여러 개 대기하고 있다. 영국에서 가장 오래된 차 전문점인 트와이닝스*Twinings*도 1706년에 커피하우스로 시작하여 차의 도소매업으로 전환한 회사다.

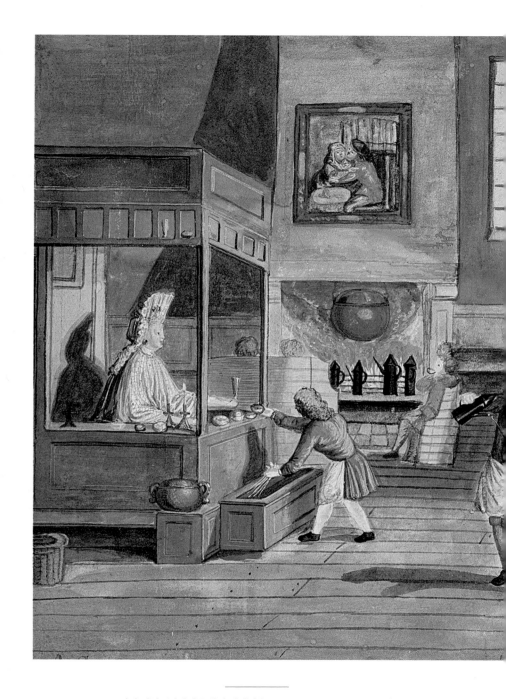

작자 미상, 〈런던의 초창기 커피하우스Drawing of a London Coffee-house〉
1695년경, 대영박물관

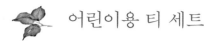

어린이용 티 세트

빅토리아 시대의 영국에서는 어린이를 둘러싼 환경에 변화가 일어난다. 빅토리아 시대 이전에는 어린이의 생존율이 낮았기 때문에 아이를 많이 낳아 길렀다. 빅토리아 시대 후기가 되면 의료가 발전하고 위생 지식이 늘어나며 영양 상태가 개선되면서 어린이의 사망률이 현저히 낮아진다. 적게 낳아도 잘 키울 수 있다고 생각하면 저출산 경향이 높아진다. 하지만 이러한 현상은 어디까지나 제대로 된 의료 행위를 누릴 수 있는 중산 계급 이상의 가정에 한한 이야기다.

중산 계급은 자신들의 미래인 자녀들에게 기대를 걸고 교육에 힘을 쏟기 시작했다. 아이 전용 방을 만들고 내부도 어린이다운 벽지와 가구 등으로 꾸몄다. 또 아이를 전담하는 하인이나 유모, 가정 교사를 고용했는데, 그들은 때로 아이 방에 함께 살며 아이들을 돌보았다. 부모는 최종적인 감독 역할로서, 좋은 하인들을 붙여주는 것이 책무였다.

아이들을 위한 장난감, 의복, 책, 봉제 인형 등, 관련 산업도 번성해 갔다. 물론 '어린이용 티 세트*nursery tea set*'도 생산되었다. 어린이용이라고는 해도 어른이 사용하는 것과 똑같은 자기 제품이었고, 가격도 어른용과 차이가 없었다.

그림 속의 사랑스러운 소녀는 파리의 화상 드비예*Gaston Bernheim de Villers*의 세 살 된 딸이다. 소녀가 손에 들고 있는 것은 이 그림을 그린 르누아르*Pierre-Auguste Renoir*가 직접 선물한 어린이용 티 세트이다. 들꽃들이 화환 형태로 그려져 있는 매우 호화로운 것이다.

피에르 오귀스트 르누아르, 〈주느비에브 베른하임 드비예*Geneviève Bernheim de Villers*〉
1910년, 오르세 미술관

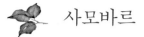

사모바르

'samo'는 '자기 뜻대로', 'var'는 '끓다'라는 뜻이다. '사모바르samovar'로 차를 우리는 것은 러시아의 독자적 문화다. 내부에 설치된 파이프 속에 채운 목탄이 타면서 물이 끓는 구조다. 물이 끓으면 찻잎을 넣은 티포트에 따른 다음, 티포트를 사모바르의 굴뚝 위에 올려둔다. 사모바르의 증기에 의해 찻물이 보온되는 동시에 온도가 더 올라가서 차가 진하게 달여지는 것이다. 마실 때는 티포트에서 티컵에 따른 후 사모바르의 온수를 섞어서 원하는 농도로 맞춘다. 사모바르는 스토브 역할도 해서 추운 러시아의 겨울에 빼놓을 수 없는 차 도구가 되었다.

러시아에서의 차의 역사는 1638년부터 시작된다. 이 해에 네덜란드 동인도 회사가 러시아 궁정에 녹차를 바쳤다. 같은 해에 몽골의 군주도 녹차를 헌상해 상류 계층에 차 문화 붐이 일어났다.

1689년에는 중국과 네르친스크 조약을 체결하여 통상 규정을 만들었고 이어 중국으로부터 녹차와 도자기가 수입되기 시작했다. 차는 육로로 들어왔으므로 러시아에서는 차를 광둥어 발음에서 유래한 '차이Chai'라고 불렀다. 차를 운반한 소대는 카라반caravan이라고 불렀다.

1697년 표트르 대제Pyotr I는 250명으로 이루어진 사절단을 유럽에 파견했는데, 자신도 함께 갔다. 사절단은 조선 기술이 뛰어난 네덜란드나 입헌 군주제가 발달한 영국을 방문하여 깊은 감명을 받는다. 그들은 장인이나 기술자를 선발하여 러시아로 데리고 돌아왔다. 이 시찰 이후 네덜란드의 암스테르담을 모델로 새로운 수도 상트페테르부르크를 조성하고 천

도했다. 신설된 궁전에서는 티타임
도 일상이 되었다. 차를 마시는 방법
도 차를 받침 접시에 덜어 마시는 네
덜란드식 방법이 뿌리내렸다. 그림의
여성도 차를 접시에 따르고 있다.

타국에 대한 동경에서 시작된 차
문화는 점차 러시아다운 스타일로 변
화해 간다. 17세기까지 러시아에서
단맛을 내는 재료는 꿀이었다. 18세
기에 들어서 설탕이 수입되자 과일을

미하일 페트로비치 클로트,
〈차를 마시다Drinking Tea〉
1889년, 개인 소장

설탕에 절인 바레니예varenye가 인기 티 푸드가 되었다.

우선 바레니예를 한 조각 먹는다. 그런 다음 녹차를 마시고, 떫은맛을
중화시키기 위해 다시 바레니예를 먹는다. 러시아인이 차에 잼을 넣어 마
신다는 오해는 이러한 차 문화 때문인데, 러시아에서는 차에 바레니예를
직접 넣지 않는다. 1744년에는 자기도 제조하기 시작했다. 그리고 1778년
사모바르가 완성된 것이다.

예카테리나 2세 시대(재위 1762~1796)에는 감귤류도 보급되었다. 레몬
껍질을 사모바르에 넣어서 뜨거운 물에 향기를 더하거나 레몬을 차에 띄워
마시는 문화는 러시아에서 중유럽으로 전파된 것이다. 차에 레몬을 넣는
러시아 특유의 차 문화는 이후 서유럽에서 '러시안 티Russian Tea'로 불렸다.

 살롱

프랑스 대사인 아버지와 로마 귀족 어머니 사이에서 태어난 카트린 드 비본Catherine de Vivonne은 로마에서 교양 높은 여성으로 자랐다. 이후 랑부예Rambouillet 후작과 결혼하여 파리로 건너갔는데, 그녀를 기다린 것은 시골풍의 저급하고 조야한 궁정이었다. 부인은 이런 궁정이 싫었으므로 병약하다는 이유로 저택에 틀어박혔다. 부인과 나누었던 이지적인 대화를 그리워한 일부 사람들은 병문안을 명목으로 그녀의 침실을 방문했다. 그곳에서는 코코아나 차 등 당시 프랑스에서는 맛보기 어려웠던 음료가 제공되었다. 이렇게 시작된 모임이 1610년 무렵부터는 정기적으로 개최되는데, 바로 '살롱salon'의 시작이다.

이후 프랑스를 중심으로 한 살롱 문화는 영국에도 퍼져 나갔다. 살롱의 인기는 주최자인 여주인의 인품은 물론이고 동석하는 인물에 좌우되었다. 지적이면서 화제성이 높은 대화를 즐기기 위해서는 주목받는 인물이나 새로운 구성원을 등장시켜야 했으므로 폭넓은 인맥이 키포인트였다.

1763년 모차르트 일가는 살롱에 음악을 팔기 위해 파리를 방문한다. 그들은 많은 지식인과 귀족을 만났는데, 그 가운데 부르봉 왕가의 핏줄을 이은 콩티 공prince de Conti도 있었다. 콩티 공은 루이 15세의 총애를 받은 퐁파두르Pompadour 부인과 포도밭의 권리를 두고 다투었을 정도로 권력이 컸고 음악 애호가로도 유명했다. 그는 자신의 악단이 있었으며 그의 악단에는 음악가 요한 쇼베르트Johann Schobert도 있었다. 나아가 파리의 탕플Temple 궁에 살롱을 열고 귀족과 문화인들을 불러 모았다. 모차르트 일가도 그의 살롱에 초대받는다. 그 다회의 장면을 그린 그림이 〈파리 탕플 궁 사면경 살

롱의 영국풍 다회〉이다. 〈콩티 공의 다회〉라고도 불린다. 하프시코드 앞에
앉은 어린아이는 물론 모차르트다.

　음악회는 음식과 함께하는 우아한 분위기 속에서 진행되었다. 와인을 즐
기는 사람도 있지만 중앙의 왼쪽 테이블에 앉은 여성 네 명은 차를 즐기고
있다. 그녀들이 입고 있는 드레스는 '로브 아 라 프랑세즈*robe à la francaise*'라
고 불린다. 이 드레스는 복잡한 부분 장식들로 나뉘어서 만들어졌는데, 특
히 '스토머커*stomacher*'라고 불린 가슴 장식은 입을 때마다 실로 꿰매거나 핀
으로 고정시켜야 했다. 의상을 입으려면 여러 사람의 도움이 필요해 귀족
계급을 상징하는 의상이었다.

　그림의 오른쪽 여성은 네덜란드식 티 에티켓에 따라 차를 받침 접시에
덜어서 마시고 있다. 물론 다른 부인들도 이 에티켓을 따랐을 것이다. 살
롱은 에티켓이 퍼져 나가는 공간이기도 했다. 뒷날 프랑스 혁명으로 루이
16세와 왕비 마리 앙투아네트가 왕권을 빼앗기고 탕플 궁에 유폐되었는
데, 그들이 생활했던 방에 이 그림이 걸려 있었다고 한다.

미셸 바르텔레미 올리비에
〈파리 탕플 궁 사면경 살롱의 영국풍 다회 *Le Thé à l'anglaise servi dans
le salon des Quatre-Glaces au palais du Temple à Paris*〉
1766년, 베르사유 궁

 샌드위치

　　빅토리아 시대의 애프터눈 티는 뷔페 스타일이 일반적이었다. 만찬 전이므로 티 푸드는 대부분 조금밖에 먹지 않았지만, 남더라도 충분히 준비하는 것이 제대로 된 대접으로 여겨졌다. 특히 샌드위치는 필수 메뉴였다.

　　현재 애프터눈 티 샌드위치의 속 재료로 인기 있는 것은 오이, 햄, 참치, 로스트비프다. 달걀, 처트니(chutney, 과일, 채소에 향신료를 넣고 절이거나 삶아 만든 인도의 소스)와 체더치즈, 훈제 연어와 크림치즈, 코로네이션 치킨(coronation chicken, 카레 풍미를 더한 닭 요리)의 조합도 인기가 있다. 그중에서도 오이 샌드위치는 전통적인 애프터눈 티 푸드로 알려져 있다.

　　빅토리아 시대에 오이는 고급 식품이었다. 수분이 많은 오이를 넣은 샌드위치는 미리 만들어두기 어려웠으므로 하녀를 괴롭히는 티 푸드로도 일컬어졌다. 그래서 오이 샌드위치가 식탁에 오르면 최고의 대접이라 여겼던 것이다.

　　1895년에 발표된 오스카 와일드의 희곡 〈진지함의 중요성The Importance of Being Earnest〉에는 오이 샌드위치를 좋아하는 브랙널 부인이 등장한다. 브랙널 부인의 조카인 앨저넌은 그녀를 위해 잊지 않고 애프터눈 티 시간에 맞추어 오이 샌드위치를 준비해 두었다. 브랙널 부인이 방문하기로 한 어느 날, 앨저넌은 집사인 레인에게 오이 샌드위치가 준비됐는지 확인한다.

　　유능한 집사는 물론 잊지 않고 있었다. 하지만 오이 샌드위치를 본 앨저넌은 유혹을 견디지 못하고 손을 뻗어 하나, 둘……, 부인이 도착하기

전에 샌드위치를 전부 먹어버리고 말았다. 다급해진 그는 집사의 탓으로 돌렸고, 집사는 부인에게 시장에 오이가 없었다는 괴로운 변명을 해야 했다는 이야기다.

영국 가정에서는 빵의 가장자리를 그대로 둔 채 샌드위치를 만든다. 하지만 애프터눈 티의 샌드위치는 가장자리를 자르고 작은 크기로 만든다. 샌드위치를 먹느라 대화에 방해가 되면 안 되기 때문이다. 오후의 티타임이라는 것을 고려한 배려일 것이다.

그림 속의 샌드위치는 젠가를 쌓듯이 담겨 있다. 높게 쌓아서 보기 좋게 담으려 했을 것이다. 오이 샌드위치는 현대에도 애프터눈 티에서 빠지지 않는 티 푸드다. 최근에는 아주 약간의 스페어민트를 가미하여 숨겨진 맛을 내는 것이 트렌드가 되고 있다. 가정에서도 꼭 시도해 보기 바란다.

줄리어스 르블랑 스튜어트, 〈5시의 차Five O'clock Tea〉
1883~1884년, 개인 소장

 자기

자기*porcelain*가 유럽에 본격적으로 보급된 것은 15세기 대항해 시대부터다. 포르투갈의 바스쿠 다 가마*Vasco da Gama*는 1498년에 인도 항로를 발견하여 동양의 자기를 포르투갈 왕에게 헌상했다. 포르투갈 왕은 권력의 징표로 동양 자기들을 모으기 시작하여 외국에 보내는 물건으로도 자주 사용했다.

1602년에는 네덜란드의 동인도 회사가 발족한다. 네덜란드 동인도 회사는 인도네시아 자카르타에 거점을 두고 동양 무역에 종사했다. 기록에 따르면 1604년부터 1654년까지 50년 사이에 약 3백만 개 이상의 중국 자기가 유럽으로 운반되었다. 각국의 왕들은 동양 자기를 컬렉션 룸에 진열했다. 당시 진귀품이었던 조개껍질, 상아, 산호, 동물의 박제, 타조 알, 코뿔소의 뿔 등과 자기를 함께 진열한 것이다. 18세기 초두에는 자기만 전시하는 '자기실'도 탄생한다.

작센 선제후국의 군주 아우구스트*August* 2세는 열렬한 동양 자기 수집가였다. 그의 목표는 어린 시절 유학했던 경험을 바탕으로 수도 드레스덴을 예술이 넘치는 풍요로운 도시로 만드는 것이었다. 그는 영지 내의 광산 등을 철저하게 조사하게 해서 자국의 산업에 힘을 불어넣었다.

1701년 왕은 연금술사 요한 프리드리히 뵈트거*Johann Friedirch Böttger*를 만났다. 뵈트거는 자신이 비금속을 금으로 바꾸는 물질인 현자의 돌을 발견했다고 주장했다. 뵈트거는 뛰어난 약제사였지만 현자의 돌 이야기는 허풍이었다.

존 로버트 딕시, 〈종업원*The Waitress*〉
1872년, 브라이턴 앤 호브 박물관 및 미술관

# 자포니즘

유럽에서 '자포니즘*Japonisme*'은 1854년에 쇄국을 푼 일본이 만국 박람회에 일본 물건을 출품한 것이 시작이었다. 1862년 만국 박람회가 런던에서 개최되었을 때, 초대 주일 대사 러더퍼드 올콕*Rutherford Alcock*이 수집한 컬렉션 623점이 전시되었다. 그중에서도 아리타 도자기(有田燒)는 높은 평가를 받았다.

이어지는 1867년 파리 만국 박람회에서도 일본 도자기는 화제를 불러 일으켰는데, 도쿠가와 막부와 사쓰마 번(薩摩藩), 사가 번(佐賀藩)에서 출품했고, 민간의 상인이 독자적으로 작품을 출품하기도 했다. 이때 특히 주목받은 것은 시로사쓰마(白薩摩)였다. 사쓰마 제품 중에서도 시로사쓰마는 상아색 도기에 화려한 색상의 그림이 그려진 고급품이었다. 도기라고 하면 푸른색과 하얀색이라는 인상이 강했던 유럽에서 화려한 그림이 그려진 시로사쓰마는 도기의 새로운 경지를 열었다. 막부는 시로사쓰마의 수출을 확대했고, 동시에 유럽에서는 시로사쓰마를 모방하여 상아색 바탕의 작품이 많이 제작되었다.

좌우 비대칭의 무심한 듯한 도안과 들꽃이나 곤충을 사랑하는 일본인의 독특한 감성은 유럽 도자기의 문양에도 영향을 미쳤다. 대나무, 소나무, 매화, 벚꽃, 국화, 창포, 나비, 잠자리, 둥근 부채, 접부채, 두루마리 등, 일본의 모티브도 다수 채택되었다. 파리 만국 박람회를 계기로 자포니즘이 유럽에서 큰 인기를 끌게 된 것이다.

메이지 정부는 1873년의 빈 만국 박람회에서 새로운 일본을 전 세계에 알리겠다는 결의 아래 대대적인 출품을 계획한다. 전시장 부지에는 신사

라이어널 찰스 헨리, 〈조용한 30분*A Quiet Half-hour*〉
1876년, 내셔널 트러스트

(神社)와 일본 정원을 만들었고, 도리이(鳥居, 신사 입구에 세우는 기둥 문), 신전, 전통 제사 음악을 연주하는 신악당(神樂堂)과 다리 모형을 배치했다. 산업관에는 나고야성의 천수각에 장식된 금 고래와 가마쿠라 대불(鎌倉大佛)의 모형, 높이 4미터가량의 5층 탑 모형, 지름 2미터의 큰 북, 지름 4미터의 등롱 등과 함께 대형 자기도 전시되었다. 아리타에서 출품한 높이가 180센티미터인 항아리와 지름이 1미터인 접시는 관람객의 눈을 사로잡았다.

전시는 대성공이었다. 판매용으로 준비한 부채는 일주일 만에 수천 개가 팔려서 추가 공급이 따라가지 못할 정도였다. 반응을 확인한 메이지 정부는 구미 시장에 우키요에(浮世, 다색 목판화) 등 일본의 미술품을 대량으로 수출했다. 1870년 이후 구미의 여러 나라에는 일본 제품이 넘쳐났다.

이 그림은 영국인 화가가 1876년에 그린 것이다. 사이드 테이블에 놓여 있는 다기는 푸른색과 하얀색이며 찻잔은 잘 보면 손잡이 없는 티볼처럼 생겼다. 그림의 여성이 자포니즘에 흥미가 많다는 것을 짐작할 수 있다. 가장 눈을 끄는 것은 학이 그려진 병풍이다. 병풍의 윗부분에는 새와 잉어, 일본인을 모티브로 한 부채가 여러 개 붙어 있는데, 병풍이 유럽에 들어온 후에 가공된 것일 수도 있고 여성이 직접 장식한 것일지도 모르겠다.

1875년에는 런던에 도자기, 부채, 병풍, 일본도, 칠기, 구리 제품 등 일본 제품을 중심으로 한 동양 상품을 취급하는 편집 숍 리버티*Liberty*가 개점하여 크게 번성한다. 그림의 모델인 여성이나 화가 자신도 어쩌면 이 가게에 들렀을지도 모른다.

 하인

상류 계급이 우아한 생활을 영위하려면 하인이라는 존재가 반드시 필요했다. 20세기 초두까지 귀족의 컨트리 하우스에는 상시 백 명 이상의 하인이 고용되어 주인 가족의 신변을 돌보고 있었다. 하인 사이에도 물론 서열이 있었는데, 집사와 하녀장이 최고였다. 더 높은 지위를 얻기 위해 하인들 사이에 업무를 둘러싸고 분쟁이 일어나는 일도 있었다.

가족의 신변을 직접 돌보는 일은 상급 하인에게만 허락되었다. 남성 주인이 가장 가까이 두는 자는 시종이고, 여주인에게는 시녀가 있다. 그들은 의복을 입고 벗는 것부터 머리 손질, 화장, 대필, 외출 시 동행까지 주인의 신변 전반을 담당했다. 이러한 하인은 사람들 앞에서도 부끄럽지 않도록 용모와 언어 사용, 옷차림이나 행동거지에 높은 교양이 요구되었다.

반대로 청소나 식사 준비 등을 하는 하급 하인은 직접 가족과 관계하는 일이 없었다. 그들은 주인 가족이 생활하는 영역에는 들어가지 않았다. 들어가더라도 가족이 일어나기 전인 이른 아침이나 주인 가족이 외출 중일 때뿐이었다. 따라서 그들의 밤은 늦고, 아침은 일렀다. 저택 안에서 의도치 않게 주인 가족과 마주쳤을 때는 시야에서 최대한 물러나서 등을 돌리고 마치 없는 사람처럼 행동해야 했을 정도였다.

이 그림에는 여주인의 티타임이 그려져 있다. 테이블 위에는 티볼, 밀크 피처, 가득 담긴 설탕이 준비되어 있다. 시계를 보면 시각은 아침 9시 반. 일어난 지 얼마 안 되었을 것이다. 여주인이 머리에 가발을 쓰지 않은 것을 보면 몸단장 전의 모닝 티 시간이다.

차를 따르고 있는 인물은 여주인의 방에 전속된 시녀다. 그녀가 착용하고 있는 드레스는 18세기 귀부인 사이에 유행한 로브 아 라 프랑세즈이다. 주름 장식이 풍성해 값싼 드레스가 아니라는 것을 한눈에 알 수 있다. 방에 딸린 시녀는 여주인에게서 드레스를 물려받는 경우도 있었다. 마음에 드는 하인에게 최신 의상을 입혀서 곁에서 시중들게 하는 것은 여주인의 지위이기도 했기 때문이다. 물론 드레스를 하사받는 것은 시녀에게도 행운이었다. 그녀는 움직이기 쉽도록 드레스의 뒷자락을 걷어붙여서 입고 있다.

스웨덴의 화가 페르 힐레스트룀*Pehr Hilleström*은 생업으로 직물업을 겸했으므로 드레스나 직물을 정교하게 그리는 것으로 유명했다. 목둘레 아래에서 끝자락까지 풍성하게 흐르는 아름다운 주름 장식의 표현은 그만이 가능한 붓놀림이다.

시녀의 발치에는 연료가 장착된 티케틀*teakettle*이 놓여 있다. 뜨거운 물로 우려낸 차에는 각성 효과가 있으므로, 이 한 잔은 여주인에게 최고로 개운한 아침을 선물한다. 아침에 제일 먼저 책을 읽는 여주인은 지성 있는 여성일 것이다. 그러한 주인에게 고용된 시녀의 미래도 분명 밝을 것이다.

페르 힐레스트룀,
⟨책 읽는 부인과 차를 따르는 시녀
Ett fruentimmer sitter och läser,
kammarjungfrun kommer med Thé⟩
1775년, 북유럽 박물관

 ## 찰스 그레이

얼그레이 티*Earl Grey tea*는 감귤류인 베르가모트의 과피 향을 찻잎에 입힌, 세계에서 가장 유명한 향차*Flavored tea*다. '얼*Earl*'은 '백작'을 의미하고, '그레이*Grey*'는 사람의 이름이다.

이 초상화의 주인공 찰스 그레이*Charles Grey*는 22세에 자유주의 성향의 야당인 휘그당*Whig Party*의 하원(서민원) 의원에 당선되었다. 젊은 의원으로서 촉망받았지만 휘그당의 대귀족인 데번셔*Devonshire* 공작 윌리엄 캐번디시*William Cavendish*의 부인 조지애나*Georgiana*와 열렬한 사랑에 빠져버린다. 부인이 그의 아이를 가지면서 두 사람의 관계는 공작에게도 알려지게 되었고, 결국 슬픈 이별을 맞이할 수밖에 없었다. 영화 〈공작 부인: 세기의 스캔들〉은 이들의 슬픈 사랑을 소재로 한 것이다. 이후 그는 오로지 정치의 길에 매진한다.

1789년 프랑스 혁명 이후 영국에서도 상류 계급을 우선시하는 정치를 개혁해야 한다는 요구가 높아졌다. 찰스는 선거권을 중산 계급으로 확대하여 1표의 격차를 없애는 의회 개혁 법안을 통과시키려 했다. 하지만 법안은 여당 의원들에 의해 계속 부결되었다.

좌절한 그는 영지인 호윅 홀*Howick Hall*에 틀어박혔다. 그의 아내 메리는 남편을 흠모하여 찾아오는 의원들을 차로 대접했다. 호윅 홀의 질 좋은 우물물에 맞추어 중국 차와 감귤류의 과피를 블렌드한 차를 준비했는데, 그 맛이 유명해졌다. 차 주문을 받았던 상점인 트와이닝사와 잭슨사 두 회사는 뒷날 자기네 회사야말로 이 블렌딩을 담당했다고 주장하게 된다.

토머스 필립스,
⟨2대 그레이 백작 찰스 그레이*Charles Grey, 2nd Earl Grey*⟩
1820년경, 내셔널 포트레이트 갤러리

1806년 여당 토리당*Tory Party*과 휘그당의 연립 정권이 설립되자 그는 다시 정계로 돌아가 해군장관과 외무장관에 취임한다. 하지만 연립 정권은 단기간에 해산되어 버렸는데, 이듬해 그는 부친의 죽음으로 2대 그레이 백작이 되어 상원(귀족원)의 의석을 얻는다. 이 그림은 '얼 그레이(그레이 백작)'가 된 모습으로, 손에 들고 있는 것은 물론 의회 개혁 법안이다.

1830년 그의 후원자였던 윌리엄 4세가 즉위하자 그는 26대 영국 수상에 임명된다. 약 50년 만의 정권 교체에 국민들은 환호했고, 전국에서 '얼 그레이'를 칭송하는 티 파티가 열렸다. 1832년 찰스는 오랫동안 염원한 선거권을 신흥 상공 계급에까지 확대시킨 선거법 개정안을 통과시켰고, 이어서 구빈원 재정법, 노예 제도 폐지 법안 등을 통과시켜 영국 근대화의 길을 만들었다. 나아가 동인도 회사의 중국 무역 독점권을 폐지한다. 차 무역의 자유화에 따라 런던 이외의 항구에도 차가 들어오게 되자 각지에 차 회사가 설립되어 국민은 질 좋은 찻잎을 싸게 구할 수 있게 되었다.

그가 정계에서 은퇴한 지 50년이 되는 해인 1884년 6월, 런던의 차 회사 찰턴 앤 컴퍼니*Charlton & Company*는 『모닝 포스트*The Morning Post*』에 찰스를 찬양하는 '얼그레이 티' 광고를 게재한다. 얼그레이 티가 활자로 기록된 것은 이때가 처음이다. 오늘날 유통되는 베르가모트 오일을 첨가한 얼그레이 티는 인공 향료가 개발된 1960년대부터 보급되었다.

호윅 홀에는 맛있는 우물물로 차를 대접했던 '얼그레이 티룸'이 있다. 얼그레이 티를 마실 때는 초심을 관철시킨 한 정치가를 떠올리는 것도 의미 있을 것이다.

 차 도구

그림 속의 차 도구*teaware*는 19세기 전반의 것이다.

왼쪽 끝에 있는 나무 상자는 '티 캐디 박스 *tea caddy box*'라고 불리는 차 상자이다. 차가 동양에서 수입되기 시작한 17세기에 차는 고가였다. 하인이 훔쳐서 마시지 않도록 차 상자에는 무거운 자물쇠가 걸려 있었다. 당시 차는 수입될 때 말레이시아의 중량 단위인 1카티(*catty*, 약 600그램)씩 가격이 계산되었다. 이 '카티'가 와전되어 차 상자를 '티 캐디 박스'로 부르게 된 것이다. 차 상자의 재료로는 18세기에는 자단이나 마호가니 등 외국산 목재가 선호되었다. 장식에도 상아나 진주조개 등 진귀한 소재가 많이 사용되었다. 하지만 19세기에 들어서 차 값이 떨어지면서 소재는 구하기 쉬운 오크 목재로 변하고 장식도 간소해진다. 이 그림의 차 상자는 19세기 전반에 만들어졌을 것이다.

하얀색 바탕에 푸른색 그림이 그려진 윌로 패턴*Willow pattern* 티포트도 18세기 말부터 19세기 초기에 유행한 것이다(213쪽 참조). 같은 문양의 슈거 포트는 속에 든 설탕을 과시하기 위해 뚜껑을 연 상태로 그려져 있다. 구석에 있는 밀크 피처도 이때는 이미 기본적인 차 도구였다.

티포트의 뒤에 있는 은제 포트는 '핫 워터 저그'다. 유럽의 물은 경수 비율이 높아서 찻잎을 오래 달여도 진해지기만 하고 떫은맛은 많이 우러나지 않는다. 그래서 찻잎은 티포트 속에 넣은 채로 두었다. 차를 찻잔에 따른 후 개인 취향에 따라 핫 워터 저그의 온수로 농도를 조절해서 마신다. 이것은 지금도 남아 있는 습관이다.

티볼에는 또 하나의 찻잔이 딸려 있다. 손잡이가 달린 원통 모양의 잔은 '캔 can'이라고 불리는 커피용 컵이다. 19세기에 들어서면 다회에 초대하는 손님 수도 늘고 차와 커피 등 가정에서 즐길 수 있는 음료도 늘었다. 때문에 다회는 뷔페 스타일이 주류가 되고 손님에게는 차나 커피를 선택할 자유가 있었다. 주인은 어느 쪽을 주문받아도 문제가 없도록 두 종류의 잔을 준비했다. 하지만 두 가지 음료를 동시에 마시는 손님은 없으므로, 전용 잔을 각각 준비하고 받침은 병용하도록 한 합리적인 스타일이 유행한다. 볼, 캔, 받침을 각각 한 점으로 보고 세 가지 조합을 '트리오 trio'로 불렀다. 여기에 추가된 티스푼은 바이올린 모양으로, '피들 패턴Fiddle pattern'이라고 불린 18세기 스타일이다. 하지만 19세기 후반에는 기계로 제조된 발효도가 강한 홍차가 다회의 주역이 되면서 커피를 내놓지 않게 된다. 대신 등장하는 것이 티 푸드다. 이때의 트리오는 티컵, 컵 받침, 티 푸드 접시의 세 점 조합을 가리키는 것으로 바뀐다.

차 도구에 대해 알게 되면 그림 한 장을 두고도 폭넓은 대화를 할 수 있다. 이것이 차 문화의 즐거움 중의 하나다.

에드워드 조지 헨델 루카스,
⟨티타임 *Teatime*⟩
1897년, 개인 소장

 티 언

이 그림은 티 언*tea urn*의 코크를 비틀어 티포트에 끓인 물을 따르는 순간을 포착하고 있다. 티컵은 그리스 로마의 영향을 받은 단순한 신고전주의*Neoclassicism* 양식이다. 이 양식은 남녀 모두 사용할 수 있는 디자인이므로 공공장소에서도 애호되었다.

티 언의 '언*urn*'은 '항아리'나 '주전자'라는 의미다. 티 언은 끓인 물이 흘러넘치기 쉬운 티케틀에 비해 안전한 차 도구로 1760년대에 탄생했다. '커피 언'이나 '코코아 언'도 있다.

티 언의 내부 중앙에는 통 모양의 공간이 있다. 그곳에 숯이나 철제 봉을 넣어서 그 열에 의해 물이 따뜻한 채로 보온되는 구조로 만들어진 것이다. 숯이나 철제 봉은 미리 난롯불로 가열해서 사용했다. 아랫부분에 있는 코크를 비틀면 끓인 물이 나온다. 이 온수를 찻잎이 들어 있는 포트에 따르면 간단히 홍차를 우릴 수 있는 것이다. 내부에 차 거름망이 갖춰져 있어서 티포트 대신 직접 차를 우릴 수 있는 티 언도 있었다. 이 경우 차는 주방에서 우리고 차 거름망을 제거한 다음 생활 공간으로 운반했다. 티케틀과는 코크가 있느냐 없느냐로 구분한다.

가열한 철제 봉은 천천히 식어간다. 그래서 19세기가 되면 장시간 보온하기 위해 램프를 부착하거나 코일을 배선한 전기식 티 언도 개발되었다.

제임스 티소,
〈나쁜 소식*Bad News*〉
1872년, 카디프 국립박물관

티 언은 하인이 많지 않은 중산층 가정이나 호텔에서 선호되었다. 특히 바쁜 조식 시간에는 중요한 도구였다. 빅토리아 시대 후기가 되면 은도금 제품이 시장에 많이 나오는데, 티 언도 대부분 은도금 제품이었다. 물론 상류층은 '스털링 실버*sterling silver*'라고 불리는 순도 높은 은으로 만든 티 언을 사용했다. 주로 여러 사람을 초대하는 뷔페 스타일 티타임이나 가든 티 파티 때 이 은제 티 언을 사용했다.

화가 제임스 티소의 특기는 직접 풍경을 본 후 자신의 아틀리에로 돌아와서 상상을 더해 재구성하여 그리는 것이었다. 그의 그림에는 같은 인물이나 같은 디자인의 의상이 몇 번이고 재등장한다. 티 언과 같은 차 도구도 마찬가지다.

항구 도시에서 태어난 티소는 물가 풍경을 좋아했다. 이 그림에서도 창밖으로 배를 타고 있는 병사들이 보인다. 〈나쁜 소식〉이라는 제목은 남성의 출전을 의미한다. 등장인물들의 표정은 모두 우울함을 띤 채 굳어 있다. 티소도 파리 코뮌*에 참가한 후 런던으로 이주했다. 그의 경험이 더해져서 탄생한 그림인지도 모르겠다. 한잔의 홍차가 그들에게 위로가 되었길 바란다.

●파리 코뮌(Paris Commune): 1871년 보불전쟁에서 프랑스가 패배하고 나폴레옹 3세의 제2제정이 몰락하는 과정 중 파리에서 일어난 민중 봉기.

티 에티켓

유럽에서 최초로 차를 마시는 관습을 가졌던 네덜란드는 차 문화를 선도했다. 티 에티켓*tea etiquette* 역시 네덜란드식을 최고로 여겼다. 많은 귀부인들이 네덜란드 궁정에서 견습 시녀로 봉사했다. 그중에는 차를 막대하게 낭비하는 귀부인들도 있었고, 그에 대한 비판의 소리도 있었다. 암스테르담에서 1701년에 초연된 희극 〈차에 미친 부인들〉은 그러한 풍자를 담은 이야기다. 여기에 다음과 같은 다회의 티 에티켓이 그려져 있다.

오후 2시 무렵, 초대한 손님이 찾아오면 여주인은 정중하게 맞이하여 인사를 한다. 인사가 끝나면 손님은 스토브에 발을 올리고 앉는다. 여주인은 자기제 찻잎 통이나 은세공이 된 작은 찻잎 통에서 여러 종류의 찻잎을 꺼내어 "어느 차로 드시겠어요?"라고 손님에게 확인을 받는다. 여기서 손님의 올바른 대답은 "권해주시는 대로"라는 한 가지였다. 차의 선택권은 여주인에게 있는 것이 티 에티켓이었기 때문이다.

여주인은 작은 자기 티포트에서 우려낸 차를 티볼에 조금만 따른다. 그리고 다른 포트에서 추출한 사프란 원액을 손님에게 권하면 손님이 직접 사프란 액을 티볼에 따랐다. 설탕이나 우유도 즐겨 이용되었다.

손님은 티볼에 담긴 차를 공손하게 받침 접시에 덜어서, 소리를 내며 과장되게 들이켠다. 소리가 크면 클수록 차를 우려준 여주인에 대한 감사의 뜻을 나타냈다. 다회에서 화제는 찻잎, 다기, 향신료, 설탕 등 차에 관한 것으로 정해져 있었다. 한 사람이 10~20잔의 차를 마시기 때문에 여주인

콘스탄틴 예고로비치 마코프스키,
⟨차를 마시다*za chaem*⟩
1914년, 울리야놉스크 지역박물관

은 모든 손님이 곤란하지 않도록 배려하면서 부지런히 차를 추가해서 따른다. 다회의 마지막에는 브랜디와 코담배를 대접했다.

〈차에 미친 부인들〉의 공연에서 차를 마시는 장면은 차에 미친 여성을 비꼬는 의미로 과장되게 연기되어 남자들의 웃음을 유도했다. 이처럼 티 에티켓을 비꼬는 사람도 있었지만 옹호하는 사람도 많았다. 네덜란드식 티 에티켓은 유럽 각국에서 환영받았다. 프랑스의 부르봉 왕가, 오스트리아의 합스부르크 왕가, 러시아의 로마노프 왕가가 이를 따랐다. 특히 러시아에서는 차를 받침 접시에 덜어 마시는 습관이 19세기에 들어서도 뿌리 깊게 남아 있었다.

이 그림은 로마노프 왕족의 초상화를 몇 장이나 그린 낭만파 화가 콘스탄틴 예고로비치 마코프스키*Konstantin Yegorovich Makovsky*의 작품이다. 러시아 혁명 전 혼란이 가득했던 1914년에 그는 좋았던 옛 시절을 회고하며 이 그림을 그렸다.• 에티켓은 보편적인 것이다. 흔들리는 시대 속에서도 이 그림을 통하여 로마노프 시대를 추억한 사람도 많았을 것이다.

• 러시아 혁명은 1917년에 일어났고 그해 로마노프 왕가의 왕정이 폐지되었다.

 티 가든

　　17세기 영국에서는 청교도 혁명과 명예혁명을 거치며 교회나 왕의 권력이 제한되었고 중산층의 힘이 증대되었다. 과학자나 철학자들이 중용되기 시작하여 이전에는 종교적으로 얼버무렸던 사실을 과학적 시각으로 검증하는 계몽사상이 보급되어 갔다. 나아가 남녀 평등론의 부상 등으로 커피하우스의 인기는 천천히 떨어졌고 18세기에 들어서며 새로운 사교 장소의 필요성이 대두됐다. 이때 주목받은 것이 정원이다.

　　유럽인들은 로마 황제가 일반 시민과 공유한 살루스티우스 정원*Horti Sallustiani*을 이상적인 정원으로 여겼고 그랜드 투어*Grand Tour*에 나선 귀족 자제들은 이 정원의 유적을 견학했다. 식물 재배는 물론 파빌리온, 햇빛을 막기 위한 아케이드, 분수와 스파, 사원, 조각상 등이 있는 멋진 정원을 시민과 공유했다는 사실은 '티 가든*tea garden*'의 탄생으로 직결되었다.

　　그림 속 정원은 런던에 최초로 등장한 티 가든인 복스홀 가든이다. "바야흐로 여름이 찾아와 열락과 오락이 넘치고 있다. 복스홀을 구경하기 위해 신분의 구분 없이 사람들이 모여든다"고 기록된 이 정원은 템스강의 남쪽, 복스홀 다리에서 동쪽으로 약간 떨어진 곳에 조성되었다. 이곳은 5월에서 9월까지 매일 개방되었다(일요일 제외). 커다란 느릅나무를 따라 그랜드 워크, 사우스 워크라는 두 갈래의 가로수 길에 1만 5천 개의 유리 램프를 설치하여 매일 밤 불을 밝혔다. 바로 이 그림에 묘사된 가로수 길이다.

　　아버*arbor*라고 불린 정자와 중국풍 정자에서는 모두가 차를 즐겼다. 음식은 유료였지만 찻값은 입장료에 포함되었다. 특히 차와 함께 무료로 제공된 버터 바른 빵이 인기가 있었고 이로 인해 가족이 함께 아침 식사로

조반니 안토니오 카날, 〈복스홀 가든의 그랜드 워크〉, 1751년경, 컴프턴 버니 아트 갤러리

빵과 차를 즐기는 습관이 정착되었다.

복스홀 가든에는 이 밖에도 많은 시설이 있었다. 팔미라 유적을 모방해 만든 구조물, 분수, 음악의 숲이 유명했으며 음악의 숲에서는 연주자가 산책 중인 사람들의 눈에 띄지 않도록 지하에 오케스트라 박스를 설치했다. '뮤직 하우스'라고 명명된 로톤다(Rotonda, 원형이나 타원형 건물)에는 약 6~8명이 음식을 먹을 수 있는 개별 방들도 있었다.

2천 명을 수용할 수 있는 메인 극장의 연주회에서는 마지막에 불꽃을 쏘아 올렸다. 1838년 빅토리아 여왕의 대관식 기념 행사 때는 왕관 모양 조명이 설치되기도 했다. 이 무렵의 모습은 찰스 디킨스의 단편집 『보즈의 스케치Sketches by Boz』 14장에 상세히 묘사되어 있다. 윌리엄 새커리William Thackeray의 소설 『허영의 시장Vanity Fair』에도 등장한다. 하지만 이 정원은 너무 넓은 탓에 치안에는 취약했다. 게다가 인근에 공장이 증가하면서 환경이 나빠진 데다 토지 가격까지 상승해 1859년 문을 닫는다. 현재는 짧은 가로수 길만 남아 있다.

 티 클리퍼

'클리퍼clipper'는 쾌속 범선을 말한다. '경쾌하게 달린다'는 의미의 단어 'clip'이 어원이고, 미국 독립 전쟁 전후부터 사용되었다.

1651년, 영국 정부는 '항해 조례'를 반포했는데, 번번이 개정하여 다른 나라 배의 입항을 금지했다. 그 결과 차 무역은 영국 동인도 회사가 독점하게 되었다. 경쟁 상대가 없었으므로 속도는 중요하지 않았고, 중국에서 생산된 차가 영국인의 식탁에 도착할 때까지 약 1년 반이 걸렸다. 19세기에 들어서면 그 독점권은 조금씩 무너지기 시작한다. 그리고 1849년, 항해 조례가 폐지된다.

이듬해에 미국에서 만든 티 클리퍼 '오리엔탈Oriental'호가 홍콩만에서 1,600톤의 차를 싣고 97일이라는 기록적인 속도로 런던에 도착했다. 도착한 차는 향기가 진하고 이제까지 없었던 훌륭한 맛이었다. 신선한 찻잎 앞에서 영국 국민들은 돈을 아끼지 않았다. 차를 빨리 들여올 수 있고 비싸게 팔 수 있었으므로 차 회사들은 미국제 티 클리퍼와의 전세 계약에 기를 썼다. 이런 상황은 운반 사업을 미국인에게 빼앗기고 만다는 위기감을 불러일으켰고, 영국 국내에서도 티 클리퍼들이 급속도로 만들어졌다.

1850년대 후반이 되면 티 클리퍼들의 운반 시간 단축 경쟁이 가열된다. 우수한 성적을 남긴 배에는 거액의 계약금과 포상금이 지급되었고, 수송의 질은 점점 좋아졌다. 일반 사람들도 경마나 보트 경기를 즐기는 감각으로 티 클리퍼들의 운반 레이스를 내기 대상으로 삼았다.

그림 속 티 클리퍼의 뱃머리에는 사람 형상의 조각상이 보인다. 바다의

신에게 항해의 안전을 기원
하기 위해 신을 기쁘게 할
훌륭한 조각상을 설치한 것
이다. 동시에 배가 안전한
항로로 나아가기 위해 배
자체에도 눈이 필요하다고
여긴 점도 있다.

　티 클리퍼의 뱃머리 조각상 중에서 가장 유명한 것은 영국 선박 '커티
사크(*Cutty Sark*, '짧은 속옷'이라는 뜻)'호에 설치된 조각상 '내니*Nannie*'다. 내니
는 스코틀랜드에 전해지는 요정 이름으로, 스코틀랜드의 시인 로버트 번
스*Robert Burns*의 서사시에도 등장한다. 술에 취한 농부 탬 오섄터*Tam O'Shanter*
가 어느 날 귀가하던 도중 한밤중의 교회에서 속옷 차림의 내니가 춤을 추
고 있는 것을 보고 만다. 그 모습을 들킨 내니는 분노가 폭발하여 말을 타
고 도망치는 탬을 필사적으로 쫓아온다. 내니가 물을 싫어한다는 것을 알
고 있던 탬은 강으로 향해서 구사일생으로 겨우 살아났지만 안타깝게도
말의 꼬리가 내니에게 잡혀서 말총이 뽑히고 말았다는 이야기다.

　1869년에 지중해와 홍해를 잇는 수에즈 운하가 개통되자 증기선이 홍
차를 운반하는 시대가 열린다. 티 클리퍼는 그 역할에서 해방되었다. 티
클리퍼로 현존하고 있는 것은 커티 사크호 한 척이다. 차 무역의 역사를
증명하는 귀중한 문화재로 영국의 그리니치에서 일반에 공개되고 있다.

윌리엄 클라크, 〈클리퍼 *The Clipper*〉
1869년, 개인 소장

 티케틀

17세기 유럽에 차가 수입되었을 무렵, 차는 사람들 앞에서 정중하게 우려졌다. 차를 우리는 과정이나 행위를 즐기는 것도 차 문화의 묘미였기 때문이다. 자랑스러운 차 도구를 티 테이블 위에 늘어놓고, 여주인은 손님 앞에서 티포트에 찻잎을 넣고 뜨거운 물을 부었다. 끓인 물은 맛있는 차를 우려내기 위해 빼놓을 수 없는 것이었다.

커다란 저택에서는 주방과 다회를 여는 드로잉 룸이 멀리 떨어져 있었다. 하인이 적절한 때에 맞추어 뜨거운 물을 드로잉 룸으로 가져왔다. 티포트는 크기가 작으므로 다회 도중에 몇 번이나 끓인 물을 보충해야 한다. 여기서 등장한 것이 일본 다도의 차 솥에 해당하는 은제 티케틀*teakettle*이다.

차 솥은 물을 끓이는 도구인데 티케틀은 하인이 가져온 끓인 물을 보관하거나 다시 끓일 때 사용한다. 티케틀은 삼각대가 붙은 전용 스탠드에 올려두었다. 아래에는 알코올램프를 설치하여 불을 붙였다.

그림 속의 티케틀을 잘 보자. 물을 따르는 입구에서 증기가 나오고 있는 것을 알 수 있다. 뜨거운 물은 다 준비된 듯하다. 티케틀 스탠드에는 이음쇠가 두 군데 장착되어 있다. 뒤쪽 이음쇠를 풀면 티케틀을 앞으로 기울일 수 있다. 앞의 이음쇠는 고정시킨 상태로 티포트에 물을 따르는 것이다. 티케틀과 티포트의 크기 차이와 위치 등을 보면 이러한 동작이 가능했던 것을 알 수 있다.

테이블 위에는 세 벌의 티컵 세트 , 밀크 피처, 원뿔 모양의 설탕 덩어리가 놓여 있다. 이 가족은 차를 즐기면서 바느질을 하기도 하고 책이나

편지를 읽기도 하며 각자의 시간을 보내고 있다.

화가 필립 레이너글*Philip Reinagle*은 초상화가 전문이었는데, 이 그림을 그린 몇 년 후부터는 이탈리아의 거장이 그린 풍경화의 모사나 정물화, 식물화 등으로 전문 분야를 바꿔간다. 그림 속의 벽에 걸린 그림들에도 주목하자. 그림 중에서도 격이 높은 종교화나 풍경화들이 장식되어 있다. 풍경화는 아마 피렌체와 나폴리를 그린 그림들일 것이다.

18세기 중반 이탈리아 나폴리 근교의 베수비오산*Monte Vesuvio* 산자락에 있었던 고대 도시 폼페이가 약 1,700년의 시간을 뛰어넘어 발굴되었다. 상류 계급의 자제들은 이탈리아를 방문하여 고대 문화를 만끽했는데 이것을 그랜드 투어라고 한다. 그들은 귀국 때 여행 기념품으로 이탈리아 풍경화를 가지고 돌아왔다. 그러한 풍경화로 저택을 장식한 이 그림의 의뢰인도 물론 그랜드 투어를 다녀왔을 것이다. 그림 속의 그림까지 상세히 그린 레이너글의 솜씨에 이 가족은 만족했을 것이다.

20세기 중반에 조리용 가스스토브가 발달하자 티케틀은 모습을 감춘다. 티케틀이 쒹쒹 물을 끓이는 소리는 지금은 들을 수 없는 추억 속의 소리다.

필립 레이너글, 〈드로잉 룸의 정경 *View of a Drawing Room*〉, 1780년경, 개인 소장

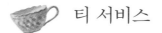 # 티 서비스

그림 속에서는 추기경이 우아하게 차를 즐기고 있다. 테이블 위에는 그의 신분이나 재력을 나타내듯 호화로운 티 서비스*tea services*가 놓여 있다. 티 서비스란 티포트, 슈거 볼, 밀크 피처의 3종 세트를 가리키는 말이다. 때로는 티케틀이나 끓인 물을 보충할 때 사용하는 워터 저그를 포함하기도 한다.

18세기 유럽에서는 티포트나 슈거 볼을 제작하기 시작했다. 이들은 단품으로 제작되어 디자인이 통일되어 있지 않았다. 하지만 서서히 장식과 다기의 연결이 중요시되면서 1790년 무렵부터 티포트의 디자인에 맞춰서 슈거 볼이나 밀크 피처를 세트로 제작했다. 슈거 볼은 반드시 밀크 피처보다 커다란 크기로 만들었다. 우유는 자국산이지만 설탕은 고가의 수입품이었으므로, 많이 가지고 있다는 것을 과시하기 위해서다. 티 서비스는 은이나 도자기로도 제작되었다.

벨기에 화가 조르주 크루하에르트*Georges Croegaert*는 안트베르펜 왕립 예술학교*Koninklijke Academie voor Schone Kunsten van Antwerpen*에서 그림을 공부했다. 이후 프랑스로 건너가서 파리를 중심으로 활약했다. 그의 작품은 풍속화가 중심으로, 그중에서도 특히 주력한 것이 반교권주의(反教權主義)와 관련된 작품이었다. 19세기 후반에 프랑스에서 유행한 반교권주의는 주로 로마 가톨릭교회 교황의 권위와 권력을 부정하는 사상을 바탕으로 한다.

여기에 찬동한 화가들은 새빨간 로브를 입은 가톨릭교회의 고위직 추기경의 화려한 일상을 그려서 그 생활 태도를 비판했다. 크루하에르트도

조르주 크루하에르트,
〈티타임*Tea Time*〉
19세기, 소장처 미상

그중 한 사람이었는데, 그는 평생 동안 추기경을 테마로 한 작품을 50점 이상 남겼다. 그가 그린 추기경은 권위주의적이면서도 어딘지 코믹하여 미워할 수가 없다. 그러한 묘사가 그의 화풍의 특징이다.

추기경의 티 서비스에는 차 도구 중에서도 사치스러운 티케틀이 포함 되어 있다. 디자인은 전형적인 로코코 양식이다. 로코코 양식은 프랑스 혁명 때 일시적으로 쇠퇴했으나 빅토리아 시대에 들어서 다시 인기를 모았 다. 은을 아끼지 않고 사용한 크고 중후한 디자인은 절대 왕권 시대 궁정 의 차 문화를 연상시킨다.

화가는 혼자서 즐기기에는 상당히 큰 티 서비스를 소도구로 그려서 추 기경의 권력과 사치스러운 생활을 강조했을 것이다. 하지만 필자가 상상 하건대 추기경이 실제로 혼자만의 티타임에 사용한 것은 1인용 사이즈로 제작된 '배철러 세트*bachelor set*'였을지도 모른다. 손님 접대용이 아니라 개 인용으로 제작된 배철러 세트는 한 사람만을 위한 티 서비스로 최고의 사 치품이었기 때문이다.

 티 스트레이너

이 그림의 제목은 〈홍차와 마들렌〉이다. 이 제목에서 사람들은 대부분 마르셀 프루스트*Marcel Proust*의 자전적 소설 『잃어버린 시간을 찾아서*A la recherche du temps perdu*』의 첫 장면을 떠올리지 않을까.

어느 추운 겨울날, 주인공은 가리비 모양의 마들렌을 홍차에 적신 다음 입에 넣는다. 그 순간, 어린 날 당고모가 먹여준 마들렌의 향기가 떠오르며 과거 세계의 기억이 열린다. 기억을 이끌어 내는 '열쇠'를 프랑스에서는 "당신의 마들렌은 무엇인가요?"라고 비유한다고 한다.

이 그림은 소설이 발표된 1913년보다 조금 이른 1897년에 스위스인 화가 알베르트 앙커*Albert Anker*가 그린 것이다. 그는 파리에서 미술을 공부하고 1878년에는 프랑스 정부로부터 레지옹 도뇌르 훈장*L'ordre national de la Légion d'honneur*을 받은, 프랑스에서도 인기 있는 화가였다. 이 그림이 그려졌을 무렵 프루스트는 26세였으니, 홍차와 마들렌의 조합은 기본이었을 것이다.

그림을 잘 보자. 마들렌과 빵이 가득 담긴 접시, 흰색 바탕에 푸른색으로 수레국화를 그려 넣은 티컵과 밀크 피처, 각설탕이 수북이 담긴 슈거볼, 그리고 연료가 장착된 티케틀이 그려져 있다. 티케틀의 주둥이에는 바구니 형태의 '티 스트레이너*tea strainer*'가 걸려 있다. 바로 차 거름망이다.

이 그림에서는 홍차의 찻잎을 티케틀 안에 직접 넣어서 차를 우려내고, 티 스트레이너를 통해 찻잔에 따르는 방식이다.

19세기 후반에 주방과 드로잉 룸이 가까워지자 끓인 물을 곧바로 준

알베르트 앙커,
〈홍차와 마들렌*Tee und Schmelzbrötchen*〉
1897년, 개인 소장

비할 수 있게 되었다. 정식 방법이라고는 할 수 없지만 티케틀을 물을 끓이는 도구가 아니라 티포트 대용으로 사용하는 일도 있었다.

티 스트레이너의 역사는 의외로 짧다. 그 전신은 숟가락에 구멍을 뚫고 손잡이 끝을 뾰족하게 만든 '모트 스푼*mote spoon*'이라는 도구였다. 티포트의 주둥이를 막은 찻잎을 뾰족한 끝부분으로 제거하거나 찻물 속에 섞인 차 찌꺼기를 건져내기 위한 도구로 17세기 말부터 19세기 전반까지 사용했다.

19세기 후반이 되면 인도나 스리랑카가 차 재배의 중심지가 되고 차 제조 작업에 기계가 도입된다. 찻잎을 기계로 비비거나 자르게 되면서 찻잎의 형태가 점차 미세해져 갔으므로 티 스트레이너가 필요해진 것이다.

바구니 모양의 티 스트레이너는 유럽 대륙에서 인기였다. 영국에서는 우리에게도 익숙한, 손잡이가 달린 제법 큰 볼(*bowl*, 우묵한 그릇) 형태가 애용되었다. 볼 부분을 티컵에 걸쳐서 사용하는 것이다.

 티스푼

티스푼은 티볼에 따른 차에 설탕이나 우유를 더하고 섞기 위해 등장했다. 17세기에는 많은 사람이 모이는 다회에서도 티스푼은 식탁에 한두 개밖에 준비되지 않았다. 테이블 중앙에는 티스푼을 두기 위한 스푼 트레이가 마련되어 있었다.

18세기가 되면 티스푼은 각각 개인용으로 주어지게 된다. 티스푼은 주로 6개나 12개씩 세트로 판매되었다. 다회 때마다 필요했으므로 각 가정에서는 티스푼을 여러 개 가지고 있었다.

독일 최대의 바로크baroque 양식 궁전인 루트비히스부르크 성Residenzschloss Ludwigsburg에 있는 이 그림은 1723년 작품이다. 이 시대에는 자신만의 티스푼이 있는 사람이 아직 적었다. 초상화 속의 여성은 왼손에 티볼, 오른손에 티스푼을 들고 있다. 티스푼은 은제에 금도금으로 장식한 최고급품이다. 뒤에는 수북이 담긴 고급 설탕이 마치 존재를 과시하듯 그려져 있다.

다회가 부와 권위의 상징이었던 18세기 전반에는 자그마한 티볼로 때로는 10잔에서 20잔, 많게는 30잔 가까운 차를 마시는 것이 귀부인들의 즐거움이었다. 네덜란드식 티 에티켓에 따라, 차는 받침 접시에 덜어서 마셨다.

설탕이나 우유를 녹여서 섞기 위해 티볼을 휘저은 티스푼은 접시 위에 돌려놓지 않고 티볼 속에 걸쳐서 세워두었다. 티스푼이 똑바로 서면 아직 티볼 속에 설탕 덩어리가 남아 있다는 증거가 되어 손님을 감동시켰다.

티스푼에는 설탕이나 우유를 섞는 것 외의 역할도 있었다. 손님은 티스

프랑수아 드 트루아,
〈마리 카트린 뒤 술 드 보주르의 초상Portrait de Marie Catherine du Soul de Beaujour〉
1723년, 루트비히스부르크 성 바로크 갤러리

푼을 티볼 위에 올려서 충분히 마셨다는 신호를 보냈다. 다회 자리에서 여주인이 따라주는 고가의 차를 손님이 직접적으로 거절하는 것은 실례였다. 여주인은 다회의 끝을 알릴 때 티스푼으로 티볼을 가볍게 두드려서 하인에게 정리를 재촉하기도 했다.

　아름다운 스푼은 다회의 즐거움을 증폭시킨다. 다회 자리에 빼놓을 수 없는 또 하나의 스푼이 있다. 바로 '캐디 스푼*caddy spoon*'이다. 캐디 박스라고 불린 차 상자에서 차를 꺼낼 때 사용한다. 원래 캐디 스푼으로는 남국의 조개껍질을 사용했는데, 나중에는 부서지기 쉬운 조개 대신 주로 은으로 제작했다. 이후에도 조개 모양은 캐디 스푼의 전통적 스타일이 되었다.

 티 세트

티 세트. 얼마나 매력적인 말인가. 자기가 귀중품이었던 18세기부터 티 세트의 선택은 여주인에게 일임되었다. 이 그림 속의 티 세트에는 딸기가 그려져 있다.

딸기는 빅토리아 시대에 유행한 모티브 중의 하나다. 사랑의 여신의 상징이나 성모 마리아를 나타내는 과일로서 종교적인 덕성도 부여되었다. 중세 이후에는 정원에서 재배되었다. 당시의 딸기는 현재의 산딸기에 해당한다. 극작가 윌리엄 셰익스피어의 희곡 〈헨리 5세*Henry V*〉에도 산딸기가 등장한다. 지금의 딸기와 비교하면 향기는 강하고 열매는 작았다. 잎은 허브티로 마셨다. 현재 일반적으로 접하는 딸기가 등장한 것은 빅토리아 시대다. 미국산인 두 종류의 딸기를 프랑스에서 교배하여 새로운 품종이 탄생한 것이다. 온실에서 딸기를 재배할 수 있게 되자 제철이 아닌 때라도 생딸기가 식탁에 오르게 되었다. 물론 고가였으므로 융숭한 접대의 상징이 되었다.

고딕*gothic* 부흥 붐이 일어났던 빅토리아 시대에 중세 고딕 양식이 중시되자 딸기 모티브는 한층 더 유행한다. 고딕 복고 건축에서 빼놓을 수 없는 타일에도 딸기 모티브는 자주 채용되었다. 윌리엄 모리스*William Morris*의 대표작 〈딸기 도둑〉 디자인도 벽지나 옷감의 문양으로 인기가 있었다.

빅토리아 여왕은 딸기에 크림과 설탕을 끼얹은 딸기 크림이나 딸기 타르트를 좋아했다고 알려져 있다. 1849년 여름에는 남편 앨버트 공과 아이들과 와이트섬*Isle of Wight*을 방문하여 여름 별장 오즈번 하우스*Osbourne*

프레더릭 차일드 해섬,
〈딸기 티 세트*Strawberry Tea Set*〉
1912년, 로스앤젤레스 카운티 미술관

*House*에서 딸기를 딴 일을 일기에 쓰고 있다. 빅토리아 여왕이 그린 딸기 데생을 상품화한 것이 '세계에서 가장 아름다운 본차이나*bone china*•'를 만 든다는 영국의 민턴*Minton*사다. '빅토리아 스트로베리'로 명명된 민턴사 의 이 상품은 1855년 파리 만국 박람회에 전시되었고, 그 후 오랫동안 왕 실에서 조식용 티 세트로 애용되었다. 20세기에는 일반에도 판매되었다.

이 그림이 그려진 20세기 초두에 티 세트는 보통 티포트, 슈거 볼, 밀 크 피처, 티컵과 찻잔 받침 6인용, 디저 접시 6장, '브레드 앤 버터 플레이 트'로 불린 큰 접시 1장으로 구성되었다. 이 접시에는 홍차에 절인 건과 일을 넣어서 구운 티 브레드나 바나나를 넣고 반죽해서 만든 바나나 브 레드, 생강이 잔뜩 들어간 진저 브레드 등, 따뜻하게 데워서 버터를 곁들 여도 맛있는 과자류가 가득 담겼다.

그림 속의 티 세트에는 안타깝게도 디저트 접시와 빵과 버터 접시는 딸려 있지 않다. 그런데 여성은 만면에 미소를 짓고 있는 것이 아니라 우 수를 띤 표정으로 딸기 문양 티 세트를 바라보고 있다. 사랑스런 딸기 문 양과는 대조적인 여성의 표정이 인상적인 그림이다.

• 골회(骨灰, 동물의 뼈에서 아교질이나 지방질을 빼고 난 후에 태워서 얻은 흰 가루)와 도자기 흙을 섞어 구운 영국 자기. 재질이 무르고 투광성이 좋다.

 차나무

이 그림은 '보태니컬 아트*botanical art*'라고 불리는 장르다. 사진이 없었던 시대에 도감의 삽화로 그려졌다. 보태니컬 아트는 1년간 영위되는 식물의 생태를 관찰하여 한 작품으로 구성했다. 그렇기에 잎의 뒷면 등 겉에서 보이지 않는 식물의 특징도 묘사한다. 줄기나 잎이 어떤 모양과 색, 질감을 지니며 어떻게 가지가 나누어져 있는지도 보여줄 필요가 있다. 같은 시기에 존재하지 않는 꽃과 열매도 함께 그려져 있다. 실물 크기라는 점도 중요하다.

여기에 그려진 식물은 '차나무*tea tree*'다. 정확하게는 동백과 동백속의 상록수로, 학명은 '카멜리아 시넨시스*Camellia sinensis*'라고 한다. 이 나무의 어린눈과 잎을 원료로 녹차, 우롱차, 홍차가 만들어진다. 1753년 스웨덴의 식물학자 칼 폰 린네*Carl von Linné*가 『식물 철학*Philosophia Botanica*』에서 '테아 시넨시스*Thea sinensis*'라고 처음으로 차나무의 학명을 지었다. 그는 "차나무에는 꽃잎이 6장인 것과 9장인 것이 있는데, 어쩌면 별종에 속할지도 모른다"고 기술했다. 그 후 1887년, 독일의 식물학자 카를 쿤체*Carl Ernst Otto Kuntze*가 현재의 학명 카멜리아 시넨시스로 명명했다.

그림을 잘 들여다보자. 잎은 작고 단단한 타원형이며 둘레가 톱니처럼 깔쭉깔쭉하다. 가지 끝에 지름 2~3센티미터 정도의 꽃이 피어 있는데 꽃은 다섯 장에서 일곱 장의 꽃잎으로 이루어져 있다. 흰 꽃잎 속에는 밝은 노란색 수술이 여럿 있고 중앙에 하나 있는 암술은 암술대가 3개로 나뉘어 있다. 열매는 녹색으로 크기는 2센티미터 정도이고, 익으면 표면이 갈

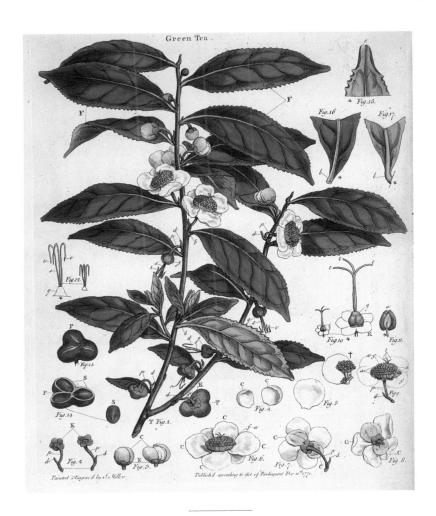

존 밀러,
『차의 박물지 The Natural History of the Tea-tree』 삽화
1772년, 영국 국립자연사박물관 식물학 컬렉션

색이 된다. 열매가 여물면 껍질이 갈라지면서 1~4개의 씨앗이 나온다.

차나무에는 중국종과 아삼종 두 가지 품종이 있는데, 18세기에는 아직 중국종의 존재밖에 알려져 있지 않았다. 1772년에 그려진 이 그림에도 중국종의 특징이 묘사되어 있다. 중국종의 차나무는 키가 3미터 이하로 가지가 많고 밑둥 부분부터 다수의 줄기가 뻗어 나오며 생장한다. 꽃은 9월에서 12월에 핀다. 상업적으로 차를 재배하는 농원에서는 차 제조에 필요한 새싹에 영양을 주기 위해 꽃이 피기 전에 꽃봉오리를 따버린다.

이 그림은 의학 박사 존 렛섬*John Coakley Lettsom*이 출판한 『차의 박물지*The Natural History of the Tea-tree*』의 삽화로 선택되었다. 이 책은 차에 관한 박물학과 의학적 효용을 소개한 것이다. 차가 신체적, 경제적, 도덕적으로 좋은 음료인지 나쁜 음료인지 논의한 '차 논쟁'의 결론이 나는 데 공헌한 책이기도 하다. 『차의 박물지』는 사람들이 차에 대해 품었던 불안이나 의문을 해결했지만 차가 만병통치약이라는 평가는 부정했다. 이에 따라 사람들은 이 책의 간행 이후 차를 기호품으로 인식하게 되었다.

존 밀러*John Miller*의 보태니컬 아트도 식물 애호가에게 자극을 주었다. 개인 컬렉션을 위해 차나무를 주문하는 사람, 영국이 차의 상업적 재배를 주도하길 꿈꾸는 사람, 언젠가 중국의 차밭을 직접 보러 갈 것을 꿈꾸는 사람 등⋯⋯. 그 소망들은 화가가 죽은 뒤 실현된다.

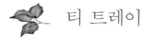

티 트레이

차를 주인이나 손님에게 내갈 때 티 세트를 올리기 위해 사용하는 은제 쟁반을 '샐버salver'라고 부른다. 때로는 샐버에 다리가 달린 것도 있었다. 손잡이가 달렸거나 소재가 은이 아니면 명칭이 '트레이tray'로 바뀐다.

샐버는 '구세주', '구원하다'라는 의미의 라틴어 단어 'salvare'에서 유래한 말이다. 중세 시대 왕족의 식사에는 독이 들어 있지 않은지 확인하는 기미가 필수였다. 음식이 식탁에 오르기 전에 기미를 담당한 하인은 독이 들어 있지 않은지 직접 확인했다. 안전이 확인된 음식물은 은으로 만들어진 샐버에 올려졌다. 샐버에 음식물을 올려놓는 것은 안전하다는 신호인 것이다. 샐버는 음식물을 운반할 뿐 아니라 때로는 편지나 서류를 주인 앞에 전달할 때도 사용되었다.

19세기가 가까워지면 음식물이나 식기가 풍부해졌고, 운반할 때의 안전성을 고려하여 대형 샐버에는 손잡이가 달리기 시작한다. 이것이 바로 트레이의 시초다.

샐버와 트레이의 디자인은 시대에 따라 변해왔다. 18세기는 실용성이 중시되어 단순하고 거울 같은 디자인이 선호되었다. 19세기가 되면 장식이 조금씩 풍부해져서 문장(紋章)을 각인하거나 표면 가득 조각으로 장식하기도 했다.

이 그림이 그려진 18세기에 차 도구는 매우 고가였다. 샐버나 트레이는 주방 옆의 스틸룸stillroom에서 하녀장이 관리했다. 스틸룸은 '증류실'이라는

필리프 메르시에,
〈티 트레이를 든 젊은 여인(화가의 하녀 해나)
A Young Woman Carrying a Tea Tray, Possibly Hannah, the artist's Maid 〉
18세기, 개인 소장

의미지만 이 시대에는 역할이 바뀌었다. 차나 커피, 티 푸드를 준비하거나 코디얼(*cordial*, 허브나 과일을 시럽에 절인 음료)이나 잼을 만드는 공간 등으로 사용되었다. 지금도 컨트리 하우스의 스틸룸에는 아름다운 다기들이 수납되어 있다.

다기를 설거지한 후 물기를 닦아내는 질 좋은 리넨은 '티 타월*tea towel*'이라고 불리며 일반적인 면 타월과는 구분했다. 티 타월은 티 트레이 위에 까는 경우도 있었다.

그림 속의 여성이 들고 있는 것은 단순한 타원형 목제 티 트레이다. 위에는 4인분의 티볼, 티스푼, 티포트, 뚜껑이 달린 슈거 볼이 올려져 있다. 티포트의 손잡이는 동양풍의 라탄*rattan*으로 장식되었고 주둥이 끝에는 금속이 붙어 있다. 이 세공은 유럽에서 덧붙여진 것으로 추정된다.

그림 속 여성은 화가 필리프 메르시에*Philippe Mercier*의 하녀다. 메르시에는 고향 베를린에서 그림을 공부하고 파리를 경유하여 영국으로 건너갔다. 영국에서는 조지 2세의 장남 프레더릭 왕세자의 궁정 화가로 고용되어 〈프레더릭 왕세자와 그의 누이들*Frederick, Prince of Wales, and His Sisters*〉이라는 초상화를 그렸다. 궁정 화가로 일하며 상류 계급 사람들과 교류했던 메르시에는 그들과 다회를 즐기기도 했다. 그의 하녀가 티 트레이를 가져가는 곳에서는 어떤 다회가 열리는 것일까.

 티 드레스

애프터눈 티는 귀족의 컨트리 하우스에 머무는 숙박객을 위해 시작되었다. 그렇기 때문에 애프터눈 티의 참가자는 방문용 의복이 아닌 편안한 실내복 차림이었다. 정찬 때는 코르셋을 반드시 착용해야 했지만, 애프터눈 티는 오후의 휴식 시간을 이용하여 이루어지는 모임이었으므로 코르셋 없이 입을 수 있는 '티 드레스*tea dress*'를 입는 것을 선호했다. 18세기 말에 유행한 슈미즈 드레스*chemise dress*풍의 의상인 티 드레스는 움직이기 편하고 착용하기도 쉽도록 허리둘레를 졸라매지 않는 넉넉한 디자인으로 만들어졌다. 여성스러움을 연출하기 위해 부드럽고 거의 비치는 듯한 옷감이 선호되었고, 레이스나 주름 장식도 인기가 있었다. 차를 따를 때 가슴이 드러나 보이지 않도록 목둘레 부분을 깊이 파지 않았고, 소매 역시 차를 따르기 쉽도록 짧게 만들었다.

중산 계급의 드로잉 룸을 테마로 한 이 그림은 〈실내*Interiør*〉라는 제목에 걸맞게 이 가족이 자랑하는 드로잉 룸을 묘사하고 있다. 아담하지만 정성 들여 꾸민 실내에는 풍경화들이 벽면 가득 걸려 있다. 이 가족이 여행에서 쌓은 추억을 담은 풍경일까. 그리고 하나씩 소유하는 것이 지위의 상징으로 여겨졌던 피아노가 놓여 있다. 관엽 식물과 화병에 아름답게 꽂은 꽃들, 그리고 개방적인 커다란 창도 물론 이 방의 자랑거리일 것이다.

아름다운 드로잉 룸에서 푸른색과 하얀색이 어우러진 다기를 사용하여 차를 따르는 여주인의 티 드레스에도 주목해 보자. 손님은 피부를 노출시키지 않는 긴소매 옷을 입고 있는 데 반해 여주인의 티 드레스는 반소매

로 만들어졌다. 의상의 길이가 바닥에 닿을 만큼 길지 않은 것도 가사의 편리성을 고려한 것으로 보인다.

당시 티 드레스는 크리스마스 선물의 기본 품목이었다. 결혼식에서 입은 웨딩드레스를 수선하여 티 드레스로 만드는 여성도 많았다고 한다. 상류 가정에서는 흰색에만 집착하지 않고 분홍색이나 노란색 등 파스텔컬러의 옷감도 애용했지만 중산 계급에서는 흰색이 부동의 인기 컬러였다. 집안일은 전혀 하지 않는 듯한, 일상에서 벗어난 느낌을 연출할 수 있는 색이기 때문일 것이다. 함께 있는 아이에게도 흰 드레스를 입혀 잘 교육받아 예의 바른 모습을 느끼게 하는 점도 흥미롭다.

이 그림을 그린 화가 파울 구스타브 피셰르*Paul Gustav Fischer*는 덴마크인의 도시 생활을 다양하게 묘사하여 유럽에서 높이 평가받았다. 이 그림이 그려진 1914년, 그는 54세의 나이로 20대인 젊은 여성과 재혼했다. 그 후 20년간 함께한 결혼 생활에서도 이처럼 온화한 애프터눈 티 시간을 공유하지 않았을까.

파울 구스타브 피셰르, 〈실내*Interiør*〉
1914년, 개인 소장

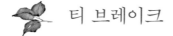

티 브레이크

　나이팅게일이 활약한 크림 전쟁Crimean War 이후 간호사는 여성의 존귀한 직업 중 하나가 되었다. 그림 속 여성은 적십자 마크가 새겨진 모자와 완장을 착용하고 있다. 1864년 스위스인 실업가 장 앙리 뒤낭Jean-Henri Dunant의 제창으로 국제적십자가 발족한다. 국제적십자는 전쟁 부상자나 포로를 적군 아군 구분 없이 구호했다. 환자를 위해서일까, 멀리 떨어져 있는 가족을 위해서일까. 뜨개질에 몰두한 백의의 천사는 노란색 티포트에 우려낸 홍차로 한잔의 '티 브레이크tea break'를 즐길지도 모른다.

　마침 이 그림이 그려진 1914년에 제1차 세계 대전이 시작된다. 홍차 대국인 영국에서 홍차는 배급 식품에 포함되어 있지 않았다. 그런데 1917년 독일 함대가 영국 함대의 해상 보급을 끊기 위해 일반 상선까지 공격하기 시작했다. 홍차가 영국에 도착할 수 없게 된다는 소문이 퍼지자 홍차 패닉이 일어났다. 당황한 정부는 홍차를 관리하여 국민에게 공평하게 배급하기로 결정한다. 이후부터 전쟁 시에는 홍차를 반드시 배급 식품에 포함시켰고, 배급량에는 다소 변화가 있었지만 5세 이상의 국민에게 평균 주당 56그램을 배급했다.

　전장에서도 홍차를 즐겨 마셨다. 육군에서는 민병 조직을 결성하여 최전선에서 싸우고 있는 병사들에게 차를 제공했다. 전차에서도 홍차를 우릴 수 있도록 물을 끓일 수 있는 기구를 비치했다. 깨끗한 물을 구하기 어려운 전장에서는 살균 효과가 높은 홍차를 마시는 게 안전했기 때문이다. 가혹한 전투에 배치된 해군 함대의 승조원들에게는 무제한으로 홍차가

가브리엘 에밀 에두아르 니콜레,
〈적십자 간호사의 초상Portrait d'une infirmière de la Croix Rouge〉
1914년, 개인 소장

지급되었다. 해군 병사들은 진하고 쓰게 우려낸 홍차에 스푼을 꽂아 세울 수 있을 만큼 설탕을 잔뜩 넣은 것을 좋아했다는 증언도 있다. 공군 병사들에게는 반드시 차를 마시고 마음을 가라앉힌 다음 출전하라는 명령이 내려졌다고 한다.

의료 현장에서도 물론 홍차를 마셨다. 야전 병원에서 근무하는 의사들은 "5분 쉬면서 홍차 한잔 마시자"라는 말과 함께 티 브레이크를 가졌다. 언제 폭탄이 떨어질지 모르는 가혹한 환경에서 마시는 한잔의 홍차는 상처 입은 병사들을 위로하고 피로를 풀어주었을 것이다. 홍차는 마음을 달래고 추위를 가시게 하는 음료로서 군사 병원의 간호사들에게도 높이 평가되었다.

1940년 영국 정부는 공업 제품의 생산성을 올리기 위해 노동조합과 협의하여 직장에서 오전과 오후 두 번 티 브레이크를 갖도록 장려했다. 이에 따라 영국에서는 제2차 세계 대전이 끝날 때까지 사측에서 정기적인 티 브레이크를 추진하는 회사가 급증했다.

2008년에 공개된 1950년대의 메모를 보면, "만약 핵전쟁이 일어난다면 무엇을 우려하는가?"라는 물음에 영국 정부의 공문서는 "홍차 부족"이라고 대답했다. 홍차가 있으면 싸울 수 있다. "진정하고 하던 일을 하세요.*Keep calm and carry on*"• 평정을 유지하고 평소대로 생활을 이어가는 것의 소중함은 코로나19 팬데믹을 겪은 우리도 이미 통감하고 있는 부분이다.

• 2차 세계 대전 당시 영국 정부에서 독일군의 폭격에 시달리던 국민들을 안심시키기 위해 사용하던 선전 문구.

 티볼

'티볼_teabowl_'은 찻잔과 약간 깊이가 있는 받침 접시가 한 쌍을 이룬 다기를 가리킨다. 17세기에 들어서면 중국에서 차를 수입할 때 배의 균형을 맞추는 추 역할을 겸해서 자기가 대량으로 수입된다. 차에 끼워서 판매할 수 있는 찻잔과 다과를 담기 위한 작은 접시 등의 상품이 정기적으로 적재되었다. 불로불사의 명약으로 칭송받은 차와 고가의 동양 자기에 왕족과 귀족들은 매료되었다.

당시 차는 단독으로 마셨다. 티 푸드라고 해도 강한 약효를 지닌 차로부터 위를 보호하기 위한 버터 바른 빵, 차의 떫은맛을 완화시키는 용도이자 집주인의 지위를 과시하기 위한 값비싼 설탕뿐이었다. 티 푸드용으로 함께 준비된 작은 접시는 용도를 잃고 언젠가부터 찻잔 아래에 놓이는 받침 역할을 담당하게 된다. 찻잔과 받침은 같은 문양으로 된 것이 이상적이지만 그렇게 하기 어려운 경우에는 비슷한 분위기의 디자인을 조합했다.

18세기에 들어서 일반에게도 차 문화가 침투하자 티볼의 수요 역시 증가한다. 1780년 작품인 이 그림의 중앙에는 아들로 보이는 남자아이로부터 키스를 받는 여성이 그려져 있다. 갈색 티볼을 든 여성의 차림새에서는 스스로에 대한 자부심이 느껴진다. 이 그림을 그린 화가 피에트로 롱기 _Pietro Longhi_는 베네치아의 유복한 은세공사의 아들로 태어났다. 1730년대 후반부터 베네치아 시민의 생활을 제재(題材)로 한 풍속화를 많이 그렸다. 이 그림도 그중 하나다.

18세기 유럽에서는 자기용 가마가 많이 만들어진다. 이들 가마에서 갖

피에트로 롱기, 〈손 키스*Il baciamano*〉
1780년경, 아카데미아 카라라

가지 티볼을 구워내면서 동양풍의 적갈색이나 하얀색 바탕 위의 파란색 문양이 주류였던 티볼의 디자인도 다양해졌다. 19세기에 들어서면 차를 즐기는 용기는 티볼에서 티컵으로 바뀐다.

19세기에 들어서도 대부분의 사람들은 티볼을 계속 사용했다. '격식 있는 티타임에 어울린다'라는 생각과 '작은 티볼로 차를 여러 잔 마시면 티포트로 차를 따라주는 여주인의 얼굴을 더 많이 마주할 수 있어 교류하는 데 좋다'는 이유에서였다.

하지만 19세기 후반 인도나 스리랑카에서 차가 재배되면서 차의 가치가 떨어졌다. 다회에서 여주인이 직접 차를 대접하는 일이 필수가 아니게 되었고, 하인이 차를 대접하는 것도 당연한 일이 되어갔다. 시대의 변화 속에서 티볼 애호가는 '고풍스런 문화를 사랑하는 사람' 또는 '티컵을 구매할 수 없는 가난한 사람'으로 취급되기 시작했다.

티볼은 어느새 지난 시대를 회고하는 문화재가 되었다. 골동품 시장에 남겨져 있는 티볼에서는 동양 문화를 사랑한 사람들의 숨결이 전해져 오는 듯하다.

 테이블 플라워

　19세기 말, 생화는 귀중품이었다. 생화로 장식된 '테이블 플라워table flower'를 준비하는 것은 상대를 융숭히 대접한다는 표현이었다. 빅토리아 시대의 베스트셀러『비튼 부인의 가정생활 백과』에는 꽃을 꽂는 방법도 상세하게 설명되어 있다. "꽃은 식사만큼이나 중요하다. 여주인과 하인 모두 꽃을 가꾸고 장식하는 데 들일 시간이나 기술이 없는 경우라면 꽃 가게 주인을 임시로 고용할 것"이라고 기술하고 있을 정도다. 집에서 꽃을 꽂을 기회가 늘고 꽃의 수요가 증가하면서 영국에 꽃 가게가 탄생한다. 또 중산 계급 여성 사이에는 꽃꽂이를 배우는 것도 유행했다.

　『비튼 부인의 가정생활 백과』에서는 "가능한 한 아침 식사 때부터 신선한 과일과 꽃은 빼놓지 말고 테이블에 올리도록" 하라고 조언하고 있다. 갑자기 꽃이 필요한데 없어서 곤란해지지 않도록 평소에 집 안에 꽃이 끊이지 않도록 하는 것이 여성의 일이었던 것이다. 이 책의 편집자 이저벨라 비튼도 자신의 말대로 접대 장소뿐 아니라 테이블도 항상 생화로 장식해 두었다. 이저벨라의 집을 종종 방문했던 나이 차가 나는 여동생은 "언니의 집에는 언제나 작은 화병에 꽃이 꽂혀 있고 아름답게 장식되어 있었다"고 일기에 적었다.

　그림의 의뢰인인 조지프 체임벌린Joseph Chamberlain은 제화업자 집안에서 태어나서 18세에 버밍엄의 나사 제조 회사에서 근무했다. 사업에서 성공을 거둔 후에는 정계에 진출한다.

　그의 인생은 실업가이자 정치가로서 순탄했으나 사생활에서는 세 번

존 에버렛 밀레이,
〈회색과 흰색 드레스를 입고 티 테이블 앞에 앉아 있는 조지프 체임벌린 부인의 초상
Portrait of Mrs. Joseph Chamberlain, Seated Three-quarter Length at a Tea-table,
Wearing a Grey and White Dress〉, 1891년, 버밍엄 박물관 재단

의 결혼을 경험했다. 첫 번째 아내와 두 번째 아내는 출산 도중 사망했다.

1887년 체임벌린은 51세에 23세인 메리와 결혼했다. 그녀는 미국 육군 장관의 외동딸이었다. 이 초상화는 재혼한 지 얼마 되지 않은 때에 체임벌린이 존 에버렛 밀레이에게 의뢰한 것이라고 한다.

사랑하는 아내를 두 번이나 잃었던 체임벌린은 새로 맞은 미국인 아내를 소중히 여겨서 평생 해로했다. 메리도 남편의 정치 활동을 헌신적으로 뒷받침했다. 정치가들이 모인 체임벌린 저택의 접대 장소에서는 언제나 웃고 있는 그녀의 모습을 볼 수 있었다고 한다.

그림 속의 메리는 회색빛이 도는 옅은 푸른색의 얌전한 드레스를 입고 있다. 이와 대조적으로 테이블은 분홍색과 빨간색 꽃으로 화려하게 장식되어 있다. 꽃은 장미와 알스트로메리아인 듯하다.

메리는 집안의 식탁에도 빼놓지 않고 꽃을 장식했을 것이다. 테이블 플라워를 항상 준비할 수 없는 가정을 위해 영국의 도자기 회사는 '도화(陶花)'라고 불리는 자기로 만든 꽃 장식을 상품화한다. 시들지 않는 자기 꽃은 많은 주부들의 가사 부담을 덜어주었다.

 드로잉 룸

애프터눈 티 모임 장소가 된 응접실 '드로잉 룸'. 이 방은 모임에 초대받은 사람들이 다이닝 룸(식당)에서 행해지는 정찬 전후에 대합실처럼 이용하는 장소다. 정찬은 규칙에 따라 진행되는 약간 의례적인 모임이므로 손님들도 긴장을 해야 한다. 따라서 정찬 전후에 이용하는 드로잉 룸은 손님이 마음을 내려놓고 쉴 수 있도록 부드러운 분위기를 갖추는 것이 이상적으로 여겨졌다.

인테리어는 18세기 프랑스에서 살롱이 생겨나던 시대의 로코코 양식이 선호되었다. 로코코 양식의 기본은 S 자와 C 자 모양이었다. 느슨한 S 자 형태는 '카브리올(cabriole, 가구의 굽은 다리)'이라고 불리는 가구의 다리에 사용되었다. 구부러진 C 자 형태는 아칸서스 잎이나 조개, 소용돌이 등에서 영감을 받은 장식 부분에 채택되었다. 실내의 테마 색조를 정하고, 직물의 색을 통일하는 것도 선호되었다.

그림 속 드로잉 룸의 티타임은 여성의 의상에 노출이 없는 점으로 보아 주간의 음악회 이후인 듯하다. 각자 원하는 대로 좋아하는 사람과 대화를 즐기고 있는 모습을 엿볼 수 있다. 실내의 테마 색조는 빨강인 듯 태피스트리, 커튼, 소파, 깔개에 이르기까지 빨간색 아이템으로 꾸몄다.

작은 가구를 많이 배치하는 것도 드로잉 룸의 특징이다. 정찬과 달리 불특정 다수의 사람들이 참가하는 애프터눈 티에서는 참석 인원이 많아지면 옆방에서 티컵을 올릴 수 있을 정도의 간이 테이블을 가져오는 일도 있었다. 시대 양식을 바탕으로 한 가구를 센스 있게 잘 배치하고 손님의

눈을 즐겁게 해줄 그림을 벽에 장식하는 것은 물론이고 사람 수에 따라 임기응변으로 대응하는 것도 모두 여주인의 지시 아래 이루어졌다.

인테리어를 조화롭게 구성하기 위해서는 높은 교양이 필요했다. 빅토리아 시대에는 여성이 자신의 생각을 사람들 앞에서 드러내며 자기주장을 하는 것을 바람직하지 않은 행동으로 여겼다. 그렇기에 여성들이 집 안의 인테리어를 자신의 센스나 교양을 내보이는 기회로 소중히 생각한 것은 자연스러운 일일 것이다. 유럽에 전해져 오는 "인테리어는 집주인의 지성을 나타낸다"는 말은 그러한 배경에서 생겨났는지도 모른다.

20세기에 들어서면 애프터눈 티의 모임 장소는 가정뿐만 아니라 호텔로도 확대된다. 대도시에 속속 호텔이 생기고 호텔 라운지가 드로잉 룸 대신 애프터눈 티 장소가 된 것이다. 그곳에서 탄생한 것이 '쓰리 티어스*Three Tiers*'라고 불리는 3단 케이크 스탠드다. 이 스탠드로 과자나 샌드위치를 한 번에 제공할 수 있었기 때문에 서비스하는 쪽에서도 효율적이었다. 쓰리 티어스는 상업용 공간에서 이용되었고 가정에서는 손님이 특별히 많지 않은 한 거의 사용하지 않았다.

파울 하이, 〈초대하는 날*Empfangstag*〉
1890년경, 소장처 미상

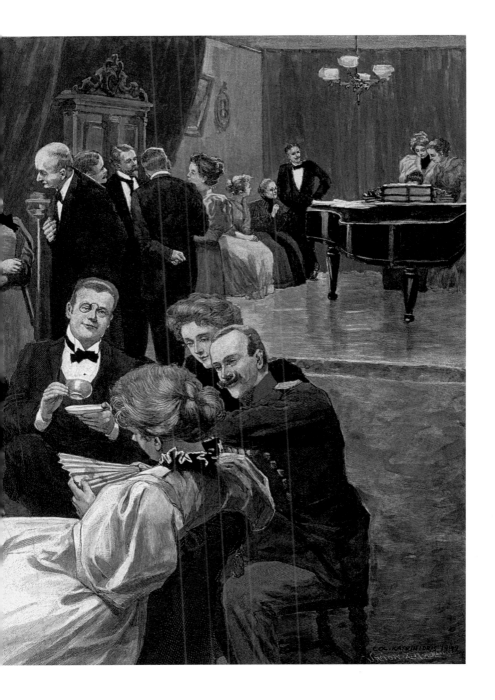

# 너서리 티

    18세기 후반 중산 계급 이상의 가정에 등장한 것이 어린이 방 '너서리 룸*nursery room*'이다. 현재는 '너서리*nursery*'라는 말이 유치원 또는 식물의 묘목을 키우는 농가를 뜻하지만 고전 영어에서는 어린이 방을 의미했다. 아이들은 너서리 룸에서 '너스*nurse*'로 불린 유모의 보살핌을 받으며 산책 시간 외의 대부분의 시간을 보냈다. 아이들이 퍼블릭 스쿨(*public school*, 상류층 자제를 위한 사립 학교)에 입학하거나 가정 교사가 붙기 전까지 너스는 아이들을 키우고 교육하는 극히 중요한 임무를 맡았다.

    너스는 놀이 도중에 다회의 에티켓을 몸에 익히도록 '너서리 티*nursery tea*' 지도도 했다. 아이들이 18세가 되었을 때 어떤 다회에 초대되어도 부끄럽지 않도록, 그리고 간단한 다회를 주최할 수 있도록 노하우를 가르치는 것이다.

    빅토리아 시대 이후의 교육자는 인형 놀이를 강력하게 권장했다. 덕분에 아이들은 인형이나 인형의 집을 가지고 놀면서 티타임의 유사 체험을 했다. 프랜시스 버넷*Frances Hodgson Burnett*의 『소공녀*A Little Princess*』에서도 주인공 세라의 놀이 상대로 에밀리라는 이름의 인형이 등장한다. 세라와 에밀리는 마치 자매처럼 똑같은 오트 쿠튀르(*haute couture*, 고급 맞춤 여성복) 코트를 걸친 모습으로 그려져 있다.

    그림 속의 소녀도 인형을 상대로 다회를 진행하고 있다. 손님 역할인 인형에게는 인형 전용 의자가 마련되어 있다. 흰 리넨을 티 매트로 깔고 그 위에는 과자를 올려두었다. 여주인이 된 소녀는 수줍은 듯 신중하게 인

조지 버나드 오닐,
〈2인용 차 *The Tête-à-Tête Tea*〉
1880년대, 울버햄프턴 아트 갤러리

형 놀이용 작은 티컵에 차를 따르고 있다.

추리 소설가 애거사 크리스티*Agatha Christie*도 소녀 시절에 "애거사의 다회"라고 하며 테이블보를 씌운 책상에서 소꿉놀이를 했다고 한다.

너서리 티는 때로는 저녁 식사 시간에도 행해졌다. 상류 계급의 가정에서는 아이가 양친과 식사를 함께하는 일이 없었다. 중산 계급 가정에서도 아침 식사 이외의 식사는 따로 했다. 아이들의 식사는 너스가 너서리 룸으로 가져왔다.

애프터눈 티에 해당하는 티타임에는 비스킷, 쇼트브레드, 컵케이크 등의 달콤한 과자가 제공되었다. 가벼운 저녁 식사를 대신한 티타임에는 버터 바른 빵이나 샌드위치, 머핀, 크럼펫, 비프 티(*beef tea*, 쇠고기를 넣고 끓인 콩소메 수프)도 준비되었다. 어린이의 저녁 식사는 '티 밀*tea meal*'을 줄여서 '티'라고도 불렀다.

루이스 캐럴*Lewis Carroll*의 『이상한 나라의 앨리스』는 저녁 무렵 앨리스가 이상한 나라의 꿈에서 깨어나서 차를 마시러 서둘러 집으로 돌아가는 장면으로 끝난다. 물론 이 차는 저녁 식사를 말한다.

 정원

중세부터 근대까지 유럽인에게 정원이란 에덴동산의 재현이었다. 자신의 토지에 나무와 풀꽃들을 심고 장식이 풍부한 공간으로 만드는 것은 자연에 대한 이상을 형태로 구현하는 것이었고, 한결같은 노력의 결정체이자 존귀한 행위로 여겨졌다. 광대한 토지를 지닌 왕족이나 귀족들에게서 시작된 정원 만들기 관습은 긴 역사를 거쳐 노동자 계급 서민의 즐거움이 되었다. 정원은 식물을 키워 감상하는 것 외에도 스포츠나 피크닉, 파티 등으로 사람들이 모이는 장소로서 사랑받았다.

1871년 클로드 모네Oscar-Claude Monet는 파리 교외의 센강에 면한 아르장퇴유Argenteuil에 아틀리에를 마련했다. 이 그림은 아틀리에의 정원에서 열린 점심 식사 장면을 그린 것이다. 실외의 식사에서도 미의식을 중요하게 여기는 유럽인은 상차림에 허술함이 없다. 더구나 예술가이고 색채를 중시하는 모네 일가이니 말할 것도 없다. 새하얀 테이블보가 덮인 테이블에는 은제 티포트, 하얀색 바탕에 푸른색 문양을 그려 넣은 티컵, 콩포트(compote, 굽이 달린 그릇)에 가득 담긴 과일, 파이 같은 티 푸드가 차려져 있다. 모네는 이 그림을 그리기 전 해에 〈티 세트Le Service à thé〉라는 제목으로 하얀색 바탕 위 푸른색 문양 다기를 그렸는데, 여기에 그려져 있는 티컵과 같은 제품을 모티브로 한 것이다.

테이블 옆의 나무 그늘에서 모네의 장남 장은 나무 쌓기 장난감을 가지고 놀고 있다. 바로 앞의 티 왜건tea wagon에는 마시다 만 음료수가 담긴 글라스와 과일, 빵이 그대로 담겨 있다.

티 왜건은 원래 실내의 다회에서 사용되었다. 상단에는 차를 넣는 티 세트, 하단에는 샌드위치와 케이크 등의 티 푸드를 싣고 운반한다. 바퀴가 달려서 정원으로 이동하기도 쉬우므로 중시되었다. 벤치 위에는 양산과 가방이 놓여 있다. 구석에는 모네의 아내 카미

클로드 모네, 〈점심 식사 *Le Déjeuner*〉
1873년, 오르세 미술관

유가 벗들과 함께 정원을 산책하고 있는 모습이 보인다. 식사를 마친 후에 남편이 자랑하는 정원을 손님에게 안내하는 중일 것이다.

모네는 스스로 땅을 일구어 꽃과 채소 모종을 심고 이상적인 정원을 만들기 위해 노력했다. 정원에서 딴 허브나 채소로 요리하는 것을 그림을 그리는 것과 마찬가지로 즐겼다. 날씨가 좋은 날이면 그의 가족은 정원에서 애프터눈 티를 즐겼다. 다회에는 같은 인상파인 피에르 오귀스트 르누아르, 카미유 피사로 *Camille Pissarro*, 알프레드 시슬레 *Alfred Sisley*, 에드가 드가, 폴 세잔 *Paul Cézanne*과 같은 동료들도 자주 초대했다.

요리 솜씨가 뛰어난 것으로 알려진 아내 카미유는 가족과 손님을 위해 손수 만든 티 푸드도 빼놓지 않았다. 모네가 좋아한 제누아즈 *génoise* 케이크를 필두로 오렌지 케이크, 마들렌, 프렌치토스트 등을 대접했다. 가까운 사람들과 정원에서 보내는 한때는 모네의 작품에 큰 영감을 주었을 것이다.

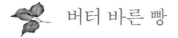

버터 바른 빵

차를 마시는 장면을 그린 명화들이 많지만 이 그림은 특히 유명하다. 화가 리처드 콜린스*Richard Collins*는 런던에서 공부한 후 레스터*Leicester*와 링컨셔*Lincolnshire* 두 도시에서 초상화가로 활동했는데, 그의 삶은 베일에 싸여 있다. 그는 같은 가족을 모델로 양식을 달리해서 초상화를 여러 점 그렸다. 그중 한 점은 〈티파티*The Tea Party*〉라는 제목으로, 런던의 골드스미스 홀*Goldsmiths' Hall*에 소장되어 있다.

세 명의 가족이 티 테이블에 둘러앉아 있다 그들의 표정에서는 귀중한 은 식기와 차 도구를 소유하고 차를 즐기는 스스로에 대한 자부심이 전해져 온다. 테이블에 놓인 차 도구는 전형적인 18세기 전반의 것이다. 테이블의 왼쪽 끝에 주목하자. 접시 위에 담겨 있는 것은 버터 바른 빵*bread and butter*이다. 영국에서 빵에 버터를 바르는 것은 계급과 상관없이 모든 사람들의 일상이었다. 16세기에 런던을 방문한 베네치아 대사가 "템스 강가의 상공에는 솔개가 많아서 아이들 손에서 엄마에게 받은 버터 바른 빵을 채가는 일이 끊이지 않는다"고 회상한 기록도 있다. 수분이 빠져나가 딱딱해진 빵에 유분을 더해서 먹기 쉽게 하고 영양가도 보충한 듯하다.

동양의 녹차는 17세기 유럽에 강한 약효를 지닌 약으로 소개되었다. 이것은 중국 차의 기원이 되는 '신농씨(神農氏) 전설'에서 유래한다. 기원전 2700년경 고대 중국에 염제(炎帝) 신농씨라는 농업의 신이 있었는데, 해독제로 찻잎을 즐겨 먹었다는 것이다.

하지만 차 맛에 익숙하지 않았던 유럽인에게는 위가 텅 빈 상태에서 떫

리처드 콜린스,
〈차를 마시는 세 가족*A Family of Three at Tea*〉
1727년경, 빅토리아 앨버트 박물관

은 녹차를 마시는 것은 너무 자극적이었다. 그래서 티타임 때 위를 보호하기 위해 버터 바른 빵을 꼭 함께 먹게 되었다. 18세기에 유행한 티 가든에서도 차를 주문하면 무료로 버터 바른 빵을 제공했다. 볼프강 모차르트 혹은 그의 아버지 레오폴트 모차르트가 작곡했다고 여겨지는 피아노곡 중 〈버터 바른 빵*Das Butterbrot*〉이라는 곡이 있다. 그들도 영국의 티 가든에서 버터 바른 빵을 먹고 차를 마셨던 것이다.

19세기의 다회에서도 버터 바른 빵은 필수였다. 루이스 캐럴의 『거울 나라의 앨리스*Through the Looking Glass and What Alice Found There*』에도 버터 바른 빵은 '버터빵 나비*Bread-and-butterfly*'라는 이름으로 등장한다. 이 나비의 날개는 버터를 바른 빵, 몸통은 빵 껍질, 머리는 각설탕이다. 이 나비는 생크림이 들어간 옅은 홍차를 좋아하는데, 그것이 이중의 딜레마다. 홍차를 마시려고 하면 각설탕으로 만들어진 머리가 녹아서 죽어버리고, 홍차를 마시지 않으면 굶주려서 죽는 것이다. 이 무슨 모순일까.

17세기에 차는 위에 나쁜 독이면서도 약이라고 소문이 나 있었다. 그런 차를 사람들은 버터 바른 빵으로 위를 보호하면서까지 마시려고 했다. 『거울 나라의 앨리스』에 그려져 있는 이중의 딜레마를 넘어서 차는 사랑받았던 것이다.

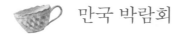 만국 박람회

박람회의 역사는 프랑스에서 시작된다. 1798년부터 파리에서 개최된 프랑스의 국내 박람회는 회를 거듭할수록 확대되었다. 산업 장려회가 조직되는 등 프랑스 국내 산업의 진보에 커다란 자극이 된 것이다. 그러자 프랑스를 따라서 오스트리아, 벨기에, 스페인, 독일, 미국 등 많은 국가들이 국내 박람회를 개최한다.

빅토리아 여왕의 부군인 앨버트 공은 1843년부터 영국 왕립미술협회의 회장을 맡았다. 미술 공업 제품의 국내 박람회를 추진하게 된 그는 이왕이면 세계 여러 나라를 참가시켜 폭넓은 분야의 제품을 선보이는 '만국 박람회*The Great Exhibition*'로 개최해야 한다고 생각했다. 1850년 1월, 그를 실행위원장으로 만국 박람회 계획이 시작되었다.

만국 박람회 장소로는 런던의 하이드 파크*Hyde Park*가 선택되었고, 경비는 만국 박람회를 상업화하고 싶지 않다는 실행위원회의 바람에 따라 기부금으로 조달되었다.

만국 박람회장의 건축은 조경사 조지프 팩스턴*Joseph Paxton*이 담당했다. 연잎 뒷면의 물갈퀴와 같은 형태에서 철근 구조물의 아이디어를 얻은 그는 길이 약 550미터, 폭 120미터, 높이 30미터의 거대 온실을 설계한다. 3층 높이의 내부가 모두 뚫려 있는 구조였다. 박람회장 예정지에 심은 느릅나무 세 그루를 보호하는 천장 디자인도 사람들을 놀라게 했다. 사용된 유리는 약 30만 장이었다. 겨우 5개월의 공사 기간으로 완성된 건물은 '수정궁*The Crystal Palace*'이라는 애칭으로 유명해졌다.

루이 아그,
⟨1851년의 만국 박람회장 내부-*Interior of the Great Exhibition 1851*⟩
1851년, 빅토리아 앨버트 박물관

1851년 5월 1일, 개회식이 개최되었다. 세계 34개국에서 모인 약 10만 점의 작품이 전시되었는데, 출품자는 1만 3천 937명으로 절반은 영국 내에서 출품된 것이었다.

수정궁 내부에서는 당시의 나라 정책에 따라 '절대 금주'가 엄수되었다. 알코올류 대신 제공된 것은 홍차였다. 이 그림은 느릅나무 앞에 설치된 임시 티룸에서 관람객들이 홍차를 마시는 장면을 그린 것이다. 여성과 아이들도 많이 보인다. 개최 기간의 누적 관람객 수는 약 604만 명. 이 수는 당시 영국 총인구의 3분의 1에 해당한다. 다른 나라에서 참가한 관람객들은 남녀 모두 예의 바르고 술이 아닌 홍차를 즐기는 영국인의 모습에 감명을 받았다고 한다.

런던 만국 박람회는 이익도 충분히 거두었다. 이를 바탕으로 만들어진 것이 사우스 켄싱턴 박물관(*South Kensington Museum*, 현재 빅토리아 앨버트 박물관)과 과학박물관, 자연사박물관, 로열 앨버트 홀 등 영국을 대표하는 문화 시설이다. 이 시설들은 백 년을 훌쩍 넘긴 지금도 여전히 사우스 켄싱턴 일대에 남아 있다. 국민의 문화 의식을 높이기 위해 입장료는 무료다.•

빅토리아 앨버트 박물관에는 수정궁의 모형을 포함한 갖가지 전시품을 감상할 수 있는 만국 박람회 기념 코너가 마련되어 있다. 이곳을 방문한다면 아름다운 도자기와 은 식기, 차 문화의 역사에 대한 전시도 꼭 관람하기를 바란다.

• 공연장인 로열 앨버트 홀의 가이드 투어 입장권과 공연 티켓은 유료다(가이드 투어의 경우 5세 미만 아동에게는 무료).

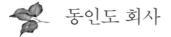# 동인도 회사

조선 기술의 발달과 나침반의 보급 등으로 멀리까지 항해할 수 있게 된 15세기 말, 대항해 시대가 시작된다. 스페인에서 출항한 콜럼버스는 인도를 목표로 서쪽으로 항로를 잡았다. 하지만 안타깝게도 그가 도착한 곳은 남북 아메리카 대륙 사이, 현재의 쿠바 부근 섬들이었다. 이후 이 지역은 '서인도 제도'라고 불리게 된다. 그리고 진짜 인도가 있는 아시아 방면은 '동인도'로 불리게 되었다.

유럽에서 처음 '동인도 회사*East India company*'를 만든 것은 영국이다. 때는 1600년, 엘리자베스 1세 치하였다. 런던의 상인들은 여왕으로부터 동양 무역을 15년간 독점해도 좋다는 특허를 받았다. 바로 영국 동인도회사의 탄생이다.

1602년에는 네덜란드에도 동인도 회사가 생겨난다. 정식으로는 '네덜란드 동인도 회사*Vereenigde Oost-Indische Compagnie*'라고 하며 'VOC'라는 약칭으로 불렸다. 네덜란드 동인도 회사는 세계 최초의 주식회사로도 알려져 있다. 당시 항해를 할 때는 '당좌 회사'라고 하여, 그때그때 계좌를 열고 출자금을 모아 배를 마련했다. 하지만 이 방법은 배가 침몰한다면 출자자는 출자금을 잃는 구조다. 그래서 손실이 가능한 한 적도록, 한 명 한 명이 적은 금액을 출자하되 많은 사람이 출자하도록 고안된 것이 '주식회사'였다.

네덜란드 정부는 아시아로 항해하던 14개 함대의 무역 회사를 하나의 주식회사로 통합하고 공화국의 최고 총독을 총재로 앉혔다. 동인도 회사 총재에게 군사, 외교, 행정상의 특권을 주고 동인도 회사의 조직력을 높였

다. 스페인이나 포르투갈 같은 대국
에 밀려 있던 네덜란드의 동양 무역
은 이 주식회사의 설립으로 세력을
키워서 다른 나라를 능가하게 된다.
이 그림은 네덜란드 동인도 회사 설
립 100주년을 기념하여 1702년에
그려진 것이다. 네덜란드 동인도 회
사를 여신에 비유하여 'VOC'라는
이름을 새긴 근사한 옥좌에 앉혔다. 오른쪽 아래의 두 천사는 가브리엘일
까. 호른에서는 동양 무역의 상징인 향신료가 나오고 있다. 계피, 육두구,
흑후추. 이들은 금에 필적하는 가치를 지니고 차와도 잘 어우러졌다.

네덜란드 동인도 회사에 이어서 프랑스, 스웨덴, 덴마크도 동인도 회사
를 설립하고 동양 무역에 참여한다. 각국의 동인도 회사는 차와 향신료,
자기와 같이 유럽에 없는 물품을 가지고 돌아오는 일을 사명으로 했지만,
18세기 후반에 들어서면 자국에 유리한 무역을 위해 점차 현지인을 무력
으로 제압하고, 식민 정책을 돕게 된다. 나아가 19세기에는 아시아를 광대
한 시장으로 간주하고 아시아로부터 수입한 원료를 자국에서 제품으로
가공해서 판매하게 된다.

유럽을 여행할 때는 각국의 해양 박물관을 방문하길 권한다. 각 나라에
서 운영한 동인도 회사의 역사를 알 수 있을 것이다.

니콜라스 베르콜리어, 〈네덜란드 동인도 회사의 우의화

Allegorische voorstelling van de Amsterdamse Kamer van de Verenigde Oost-Indische Compagnie〉

1702~1746년 사이, 암스테르담 국립미술관

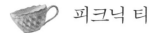 피크닉 티

'피크닉_picnic_'이라는 말은 18세기에 프랑스어 'pique-nique'에서 유래했다. 영국에서는 1829년 런던에 피크닉 클럽이 탄생했다. 이를 계기로 프랑스풍의 피크닉 붐이 일어난다. 현대와는 달리 그 시대의 피크닉은 연극이나 음악을 즐기는 '실내 파티'였다. 남녀가 함께 와자지껄하게 무대 위에서 음악을 즐기는, 당시로서는 상당히 파렴치한 행위였다. 때로는 경관이 불침번을 서며 피크닉을 감시하기도 했다.

실내의 피크닉이 점점 실외로 옮겨 간 것은 자연이나 사냥을 사랑하는 영국인이기에 가능한 발상이었을 것이다. 당시 영국의 상류 계층은 자신의 영지 내에서 사냥한 짐승의 고기나 수확한 채소, 과일을 사용한 요리로 손님을 접대하는 것이 미덕이었다. 애프터눈 티가 여성의 사교라면, 사냥은 남성의 사교였다. 같은 계급의 친근한 벗이나 관계자를 많이 모아서 사냥 모임을 열 수 있어야 비로소 한 사람의 신사로 인정받을 수 있었다. 애프터눈 티와 사냥, 두 가지의 즐거움이 융합된 오락이 야외에서 열리는 피크닉이었다.

풍작을 이룬 해에 영주는 지인뿐만 아니라 영지의 주민도 초대하여 대접하는 피크닉을 연다. 영국의 작가 제인 오스틴_Jane Austen_의 『엠마_Emma_』 속에도 피크닉 장면이 있다.

19세기 후반에는 상류 계층의 특권이었던 피크닉 문화가 경제적으로 풍요해진 중산 계층까지 확대된다. 하인을 고용할 수 있는 유복한 중산 계층 사람들은 공공의 공원이나 도시 근교의 숲에서, 또는 강변에서 뱃놀이

를 겸한 피크닉을 즐겼다. 루이스 캐럴의 『이상한 나라의 앨리스』의 원안도 강변에서의 피크닉 도중에 탄생했다.

도시 집중화가 진행된 런던은 공해와 오염에 시달리고 있었다. 주말에는 런던에서 조금이라도 떨어져서 자연이 풍부한 장소로 가고 싶다는 욕구가 늘어났고, 햄프스티드 히스*Hampstead Heath* 공원으로 가는 열차인 '피크닉 트레인*picnic train*'이 대인기를 끌었다. 햄프스티드는 현재 녹지의 아름다움으로 유명한 고급 주택가이지만 당시에는 천혜의 자연을 지닌 변경 지대로, 석탄 채굴로 유명했다. 열차는 평일에는 석탄 운반에 사용되었다.

이 그림의 제목은 〈휴일*Holyday*〉인데, 〈피크닉*Picnic*〉으로도 불린다. 영국에는 빅토리아 시대부터 전해져 오는 몇 가지 재미있는 규칙이 있다. 예를 들면 "피크닉에서는 조리를 해서는 안 된다"는 것. 허용되는 것은 차를 만들기 위해 물을 끓이는 것뿐이다. 그림 속에도 왼쪽에 연료가 장착된 티케틀이 그려져 있다. 또 "러그에 올라앉는 것이 아니라 러그를 둘러싸고 앉는다"는 규칙도 있다. 러그는 테이블 대신이므로 결코 올라가서는 안 된다. 그림 속의 인물들도 규칙을 지키고 있다. 한 가지 더. "도구에 신경 쓸 것. 피크닉은 생활 양식의 표출이다." 정말 영국인다운 규칙이다.

제임스 티소, 〈휴일Holyday〉
1876년경, 테이트 갤러리

 가족 초상화

유럽 대륙의 화가들이 발전시켜 온 초상화는 18세기 후반 영국에서도 인기를 끈다. 이 무렵 영국에서는 새로운 초상화의 수요가 생겨났다. 가정적인 정경 속에 여러 인물의 초상을 그려 넣는 집단 초상화다. 1768년 화가 조슈아 레이놀즈*Joshua Reynolds*를 원장으로 내세워 설립된 영국 왕립 미술 아카데미는, '컨버세이션 피스*conversation piece*'라고 불린 이 집단 초상화를 권장했다.

집단 초상화에는 몇 가지 규칙이 정해져 있었다. 그림 속 인물이 누구인지 알아볼 수 있게 그릴 것, 여러 명의 인물(가정이나 집단)을 이상화하거나 화려하게 꾸미지 말고 평소의 모습으로 그릴 것, 나아가 사적인 장소를 장식하는 것을 목적으로 하고 크기는 크지 않게 할 것, 그림 속의 인물은 적어도 일부가 대화와 같은 의사소통을 하고 있는 모습으로 그릴 것, 배경에 그림 속 인물의 생활 환경이 상세하게 드러나도록 그릴 것. 이러한 규칙이 중시된 데서 알 수 있듯, 집단 초상화의 대부분은 귀족들의 가족 초상화였다.

독일 출신의 화가 요한 초파니*Johan Joseph Zoffany*는 로마에서 그림을 공부하고 영국으로 건너갔다. 영국 국왕 조지 3세와 왕비 조피 샤를로테*Sophie Charlotte*의 단독 초상화를 그려서 주목을 받았고, 왕비와 아이들의 집단 초상화도 남겼다. 영국의 귀족 계급을 대상으로 집단 초상화 화가로서 활동하며 "이 장르의 진정한 창조자이자 장인"이라고 칭송받았다.

이 그림은 14대 윌러비 드 브로크*Willoughby de Broke* 남작 존 페이토 버니 *John Peyto-Verney*의 가족 초상화다. 조지 3세의 침실 담당 시종이기도 했던 남작은 길퍼드*Guilford* 백작의 누이인 루이자*Louisa*와 결혼했다. 그들에게는 존, 헨리, 루이자 세 아이가 생겼다. 이 부부는 1762년부터 6년의 세월을 들여서 대규모의 컨트리 하우스 '컴프턴 버니 하우스*Compton Verney house*'를 지었다.

요한 초파니, 〈윌러비 드 브로크 남작과 그의 가족〉
1776년, 게티 미술관

　이 그림은 그 저택의 자랑인 모닝 룸*morning room*•에서 그려졌다. 가족은 티타임 중이다. 부인은 테이블 위에서 첫걸음마를 시작하려고 하는 어린 딸 루이자를 안고 있다. 장남 존은 새빨간 목마를 끌고 있다. 차남 헨리는 버터 바른 빵에 손을 뻗다가 아버지의 주의를 받고 있다. 상류 계급의 가정에서 늘 볼 수 있는, 하지만 다른 가정에 비하면 한층 우아한 생활 모습이 세밀하게 묘사되어 있다. 광택이 도는 고급 직물로 만든 부인의 푸른 드레스도 그렇고, 벽난로 위의 풍경화는 남작이 그랜드 투어 때 방문한 이탈리아의 풍경인지도 모른다. 자기 티 세트에는 중국인의 모습과 사랑스러운 꽃이 그려져 있다. 잘 닦인 은제 티 언에는 한 사람이 비쳐 있다. 화가 본인일까.

　집단 초상화는 본래 개인의 저택을 방문한 자만 볼 수 있는 사적인 작품이다. 그만큼 당시 사람들의 생활이 생생하게 담겨 있다.

• 빅토리아 시대 식당과 주방, 침실에 딸려 있던 방으로, 집안의 안주인은 이곳에서 하루를 준비했다.

 푸른색과 하얀색

도자기를 장식하는 아름다운 푸른색 염료는 동양에서 오수 (吳須)라고 불렸다. 초벌구이한 바탕에 오수로 그림을 그리고 위에 유약을 입혀서 고온으로 굽는데, 뜨거운 열로 구우면 유약이 투명해져서 바탕에 그린 푸른 문양이 도드라진다. 고온에도 안정된 색을 내는 것이 오수의 특징이다. 다른 염료는 고온에 견디지 못하고 색이 날아가 버린다. 17세기의 네덜란드 정물화 작품에는 이러한 푸른색과 하얀색 식기를 그린 작품이 매우 많이 남아 있다. 부유함을 연출하는 소도구 중 하나이기도 했다.

유럽에는 자기를 구워내는 기술이 없었으므로 우선 도기로 청화 백자를 모방했다. 1653년, 네덜란드의 델프트*Delft*에 도기 회사 포르셀레이너 플레스(*Porceleyne Fles*, 현재의 로열 델프트사)가 문을 열었다. 거의 같은 시기에 20개 정도의 도기 가마가 델프트에 설립되었는데, 여기서 생산된 식기는 '델프트 도기'로 널리 알려진다. 그 특징은 물론 하얀색 도기 바탕에 손으로 그린 푸른색 문양이다. 아름다운 푸른색은 '델프트 블루'로 불리며 왕족들과 귀족들의 사랑을 받았다. 특히 동양에는 없는 타일을 제조하여 건축 자재로 중시했다.

1709년에 유럽에서 처음으로 자기가 만들어지자 청화 백자도 만들게 된다. 1730년 무렵에 스웨덴의 화학자 예오리 브란트*Georg Brandt*가 오수가 철족 원소(鐵族元素) 중 하나라는 것을 발견하여 '코발트'라고 명명했다. 이후 코발트 광석에서 청색 안료를 화학적으로 합성할 수 있게 되었다. 유럽에서 청화 백자 그릇을 자체 생산하게 되자 왕족들과 귀족의 취미는 델프

조지 던롭 레슬리, 〈차 *Tea*〉
1894년, 소장처 미상

트 도기에서 멀어졌다. 하지만 하얀색 바탕 위에 푸른색 문양을 그려넣은 도기는 그 후 중산 계급, 노동자 계급을 대상으로 발전한다. 1784년 영국 스포드*Spode*사가 동판 전사로 밑그림을 그리는 기술을 개발하여 대량 생산이 가능해졌기 때문이다.

1790년 무렵에는 슬픈 연인들의 이야기를 그린 윌로 패턴*Willow pattern*이 고안되어 널리 사랑받았다. '윌로*willow*'는 버드나무를 뜻하는데, 문양의 중앙에 버드나무가 그려져 있었으므로 붙여진 이름이다.

이 문양에 얽힌 이야기가 있다. 한 중국 관리의 딸이 집안의 젊은 하인과 이룰 수 없는 사랑에 빠졌다. 관리는 딸을 누각에 가두고 지체 높은 귀족과 결혼시키려고 했다. 혼례식 당일, 젊은 하인은 저택에 침입하여 딸을 데리고 달아난다. 아버지는 도망친 두 사람을 쫓았다. 도망친 두 사람은 강가의 초라한 집에서 숨어 살며 한때 행복한 시간을 보내지만, 딸의 약혼자였던 귀족의 분노를 사서 목숨을 잃게 된다. 신은 이 가련한 연인들을 두 마리의 새로 변하게 했다는 이야기다.

루시 모드 몽고메리*Lucy Maud Montgomery*가 지은 『에이번리의 앤*Anne of Avonlea*』에도 윌로 패턴 접시가 등장한다.

그림 속의 티 세트는 하얀색 바탕 위 푸른색 문양 도기이다. 문양은 산수화처럼 보인다. 이 그림이 그려진 1894년에는 천연 안료인 코발트를 대신할 인공 산화 코발트도 보급되어 있었다. 선명하고 저렴한 산화 코발트는 하얀색 바탕 위 푸른색 문양이 보급되는 데도 큰 역할을 했다. 그림 속의 티 세트도 그러한 작품 중 하나다.

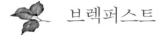 브렉퍼스트

아침 식사 때 마시는 음료로는 18세기 초두까지 코코아가 인기였다. 티 가든에서 가벼운 식사로 버터 바른 빵과 차가 나오자, 여기에 감화된 가정에서도 아침 식사 때 차를 마시는 것이 유행하기 시작한다.

빅토리아 시대에는 아침 식사가 하루 활동의 영양원으로 여겨졌으므로 풍성한 식단이 권장되었다. 하지만 1904년, 절약가로 알려진 조지 5세의 왕비 메리가 왕세자비 시절 성에서 누렸던 호화로운 아침 식사를 '쓸모없는 9코스 조식'이라고 부르며 가짓수를 줄였다. 그러자 일반인의 아침 식사도 대체로 간소해졌다.

왕비가 권장한 영국식 브렉퍼스트는 그래도 유럽의 다른 여러 나라의 아침 식사에 비하면 호화로웠다. 빼놓을 수 없는 식재료는 바삭하게 구운 베이컨, 소시지, 달걀, 구운 토마토, 버섯볶음, 베이크드 빈*baked beans*이었다. 토스트는 얇은 빵을 구워서 토스트 스탠드에 나열해 두고 버터와 마멀레이드를 발라서 먹었다. 음료는 홍차와 오렌지 주스였다.

스코틀랜드에서는 포리지(*porridge*, 귀리 죽)나 키퍼(*kipper*, 훈제 청어), 돼지의 피에 귀리나 허브, 향신료와 돼지 지방을 섞어 만든 소시지인 블랙 푸딩*black pudding*도 추가했다. 시간이 없는 사람이나 어린이를 위한 아침 식사는 이들 중 일부이거나 크럼펫이나 머핀으로 대체됐다.

브렉퍼스트에는 '단식*fast*을 깬다*break*'는 의미가 있으므로 꼭 아침 식사만을 가리키는 것은 아니다. 영국의 펍 중에는 '올 데이 브렉퍼스트*all day breakfast*'라는 이름으로 하루 종일 조식 메뉴를 내놓는 가게도 많다. 1919년 영국의 작가 서머싯 몸Somerset Maugham은 『달과 6펜스The Moon and Sixpence』에서
"영국에서 맛있는 식사를 원한다면 하루 세 번 조식을 먹으면 된다"고 썼
다. 영국 요리에 대한 평가가 낮은 것을 비꼰 말인데, 확실히 이렇게 풍성
한 아침 식사는 다른 나라에서는 잘 볼 수 없다.

찰스 버턴 바버,
〈긴장감Suspense〉
1894년, 개인 소장

  위 그림을 그린 화가는 동물과 아이들을 잘 그려서, 빅토리아 여왕의
애마와 애견도 그린 찰스 버턴 바버Charles Burton Barber다. 빅토리아 시대에는
어린아이가 침대 위에서 아침을 먹는 것을 권장하지 않았는데, 이 소녀는
침대에서 식사를 하려는 중이다. 가엾게도 감기라도 걸린 것일까.
  쟁반 위에는 자기제 식기가 세트로 나열되어 있다. 티컵, 바삭하게 구
운 빵이 올려진 브레드 앤 버터 플레이트, 에그 스탠드가 놓여 있다. 기도
를 올리는 소녀 옆에는 개와 고양이가 대기하고 있다. 동물들의 시선은 오
롯이 쟁반 위의 음식을 향하고 있다. 소녀의 기도가 끝나는 순간 동물들은
음식에 달려들기라도 할까. 아니면 소녀가 그들을 침대 옆에서 쫓아낼까.
제목인 〈긴장감Suspense〉은 그러한 긴장감을 나타내고 있다.

프레더릭 차일드 해섬, 〈프랑스식 아침 식사The French Breakfast〉
1910년, 티센 보르네미사 미술관

였다. 때로는 밀크 티에 달걀을 넣어 영양가를 높였다고 한다. 침실에서 베드 티를 마시는 자신의 모습을 굳이 화가를 불러서 그리게 하는 사람도 있었다.

19세기에 들어서 아침 식사의 양이 늘자 베드 티 습관은 침실에서 아침을 먹는 형식으로 변화해 간다. 하지만 이것은 여주인인 기혼 여성의 특권이었다. 남성이나 미혼자는 조식용 모닝 룸에서 뷔페 스타일의 조식을 먹는 것이 원칙이었다.

이 그림의 제목은 〈프랑스식 아침 식사*The French Breakfast*〉. 미국인 화가 프레더릭 해섬*Frederick Childe Hassam*은 1910년에 파리를 방문했는데, 호텔 서비스에 침실에서의 조식 플랜이 있는 것을 알고 감격했다. 최고급 호텔도 아니고 미국인 여행자를 대상으로 하는 비교적 적당한 가격의 호텔이었으므로 더욱 그렇게 느껴졌을지도 모른다.

그는 궁전이나 컨트리 하우스를 상상하게 하는 아름다운 캐노피가 달린 침대에서 여러 개의 쿠션에 기댄 채 아침 식사가 차려진 쟁반을 앞에 둔 아내를 묘사했다.

프랑스에서는 17세기부터 이러한 습관이 뿌리내려 있었고, 주로 코코아를 베드 티로 마셨다. 말 그대로 프랑스식 아침 식사다.

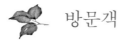 방문객

바르톨로메오 줄리아노*Bartolomeo Giuliano*는 이탈리아의 밀라노와 피렌체에서 활약한 화가다. 아름다운 바다를 바라보는 이 그림의 배경도 이탈리아일 것으로 추측된다.

왼쪽에서 두 번째 인물, 노란색 드레스를 입은 소녀가 이 그림의 주인공일 것이다. 그녀는 시선을 아래로 향하고 조용히 미소 짓고 있다. 오른쪽에 앉은 여성들은 방문객이다. 보닛을 쓰고 장갑도 착용하고 있다. 당시의 에티켓에 따르면 보닛을 쓴 채로 있는 방문객은 저녁 식사에 초대된 상대는 아니다. 적어도 한 시간 안에 귀가할 것이다.

두 사람은 소녀에게 무언가 말을 걸고 있다. 그리고 소녀의 뒤에 있는 남성이 그녀의 대답을 기다리고 있다. 어쩌면 그녀의 연인일까. 방문객들의 눈동자는 호기심으로 반짝이고 있다. 나이대를 고려하면 그들의 화제는 소녀의 사랑 이야기일지도 모르겠다. 방문객은 때로 좋은 화제도 나쁜 화제도 끌어들인다. 〈용감한 대화*La conversazione galante*〉라는 제목에 화가는 어떤 이야기를 담은 것일까.

이 그림은 1894년에 그려졌는데 여성들의 드레스와 티 세트는 19세기 초두의 나폴레옹 1세 시대에 유행한 제정 양식이다. 제정 양식은 프랑스에서는 앙피르 양식*Style Empire*, 영국에서는 리전시*Regency* 양식, 독일에서는 비더마이어*Biedermeier* 양식으로 불렸다. 방문객이 걸친 아름다운 숄도 이 시대에 유행했다. 제정 양식 드레스는 고대 그리스와 로마의 복식을 연상케 하는 형태다. 그리스와 이탈리아에서는 따뜻한 날씨 덕분에 얇은 옷을 입을 수 있지만 유럽 대륙의 북부나 영국에서는 무리다. 지나치게 유행 패

선을 좇다 감기나 중증 폐렴에 걸
려 사망하는 여성도 있었다. 그래서
보온을 위해 숄이 유행했고 이후 숄
은 패션의 필수 아이템이 되었다.

이 그림은 2014년 러시아의 아
즈부카*Azbuka* 출판사에서 출간된
『예브게니 오네긴*Yevgeny Onegin*』의 표지를 장식하고 있다. 이 소설은 러시아
작가 알렉산드르 푸시킨*Alexandr Sergeyevich Pushikin*이 1820년대의 상트페테르
부르크를 무대로 하여 쓴 것이다. 이 시대 러시아에서도 제정 양식이 인기
였기 때문일 것이다. 소설의 내용을 간략히 소개해 보겠다.

사교계에 염증을 느낀 청년 예브게니 오네긴이 시골로 이주하여 시인
렌스키와 친구가 된다. 그는 렌스키의 약혼녀의 언니인 타티야나로부터
고백을 받지만 은근히 무례하게 거절한다. 게다가 장난 삼아 렌스키의 약
혼녀를 희롱했다가 렌스키와 결투 소동을 벌이고, 의도치 않게 렌스키의
목숨을 빼앗고 만다. 양심의 가책에 시달린 오네긴은 여행을 떠나는데,
수년 후 사교계에 돌아온 그의 앞에 공작 부인이 되어 기품을 갖춘 타티
야나가 나타난다. 오네긴은 그녀를 사랑하게 되고, 속마음을 고백하지만
거절당한다. 타티야나는 그를 사랑하고 있었지만 모든 것이 너무 늦었다.

추운 러시아가 무대인 소설 표지에 이 그림이 선택된 것은 왜일까. 그
숨은 이유는 등장인물이 괴로운 사랑의 마음을 고백하는 것이 예나 지금
이나 '용감한 대화'였기 때문이 아닐까.

바르톨로메오 줄리아노, 〈용감한 대화La conversazione galante〉
1894년, 치비치 박물관

 초상화

초상화는 사진이 없었던 시대에 권력자가 자신과 가족들의 삶의 증거로 남기거나 경제적 성공을 과시하기 위해 그려졌다. 그 역사는 고대 이집트까지 거슬러 올라간다.

유럽에서 초상화가 처음으로 회화로서 그려진 것은 14세기의 르네상스 시대다. 15세기가 되면 하나의 장르로 확립된다. 초상화는 직접 모델을 앞에 두고 사실적으로 그리기도 했고, 이상화하거나 희화화하여 실제 인물과는 다른 모습으로 그리기도 했다. 17세기와 18세기 전반에는 차를 마시는 모습을 초상화로 남기는 사람도 많았다. 18세기부터는 '팬시 픽처 *fancy pictures*'•로서 아이들의 사랑스러운 모습도 그려졌다.

존 에버렛 밀레이는 라파엘 전파를 대표하는 화가다. 대표작 〈오필리어〉를 살롱에 출품했을 때는 큰 화제가 되었다. 하지만 이 작품을 그린 1852년 이후 그의 인기는 떨어진다. 미술 비평가 존 러스킨*John Ruskin*의 아내였던 유피미아*Eupemia*와의 결혼이 세간의 인정을 받지 못했던 것도 그 이유 중 하나였다. 밀레이를 총애하던 빅토리아 여왕조차 유피미아의 알현을 거절했을 정도다.

곤경에 빠진 밀레이가 부활하게 된 계기는 1863년에 왕립 미술 아카데미에 출품한 아이의 초상화 〈나의 첫 설교*My first Sermon*〉였다. 이 그림으로 밀레이는 아카데미 정회원이 되고 영국에 팬시 픽처 붐이 다시 일어난다. 밀레이는 "누가 보아도 아름다운 얼굴을 그리려면 인격이 형성되고 표정이 굳어지기 전인 8세 전후의 소녀가 가장 좋다"고 말했다.

• 일상생활을 그리면서도 상상이나 감상적인 이야기를 담은, 18세기 영국 풍속화의 한 장르.

이 그림은 〈나의 첫 설교〉와 마찬가지로 밀레이와 유피미아의 장녀 에피 *Effie*가 모델이다. 밀레이는 8명의 자녀를 두었기에 모델 걱정은 없었다. 에피는 이모 앨리스의 반주에 맞추어 미뉴에트를 추려는 참이다. 그녀는 우리에게 숙녀의 정식 인사법인 '커트시 *curtsy*'를 하고 있다. 미뉴에트는 루이 14세 시대에 유행한 3박자의 궁정 춤곡이다. 모자나 가발이 떨어지지 않도록 작은 스텝을 반복하면서 추기 때문에 라틴어로 '아주 작다'를 의미하는

존 에버렛 밀레이, 〈미뉴에트*The Minuet*〉
1866년 이후, 함부르크 미술관

'minutus'에서 그 이름이 유래했다. 루이 14세 시대(1643년~1715년)를 회고하게 하는 소도구로서 그림 속에는 동양에서 전래된 청화 백자 티 세트가 등장한다. 루이 14세는 프랑스에서 처음으로 차를 입에 댄 국왕이다. 편두통을 앓았던 왕에게 주치의가 두통약으로 차를 처방한 기록이 남아 있다.

이 그림의 원본은 왕립 미술 아카데미에 전시되어 있다가 1867년 한 실업가에게 팔렸다. 8명의 아이들을 양육하느라 금전적으로 힘들었던 밀레이는 두 가지 버전을 추가로 그린다. 하나는 수채화이고, 또 하나는 유화 버전의 이 그림이다.

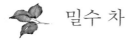 밀수 차

1710년대에 들어서면 영국에서는 차가 중국과의 무역에서 가장 중요한 상품이 된다. 여기에 주목한 정부는 차에 높은 관세를 매긴다. 영국 동인도 회사의 정규 수입 차에 매겨진 관세는 최대 100퍼센트로 높았고, 수입된 차는 원가의 약 2배 가격으로 소비자에게 판매되었다. 나아가 세금이 새어 나가지 않도록 1721년에는 식민지에 유럽 각국으로부터의 차 수입을 전면 금지하는 법안도 정해졌다. 영국 동인도 회사는 사실상 영국 내에서 유통되는 차에 대한 독점권을 취득했다.

이 차 시장의 독점은 차의 밀수를 부르는 계기가 되었다. 차 무역에 강했던 네덜란드의 동인도 회사뿐만 아니라 프랑스, 스웨덴, 덴마크 등, 각국의 동인도 회사는 영국 시장에 공급할 밀수 차 매입에 달려들어 이익을 노렸다.

차 상인 중에는 차의 부피를 늘리기 위해 다른 나뭇잎으로 만든 가짜 차를 섞는 자도 있었다. 우려냈던 차를 다시 건조하여 섞어 넣거나, 색이 바랜 오래된 차에 녹반(綠礬, 황산염 광물의 일종)이나 양의 배설물로 색을 입히는 일도 횡행했다. 이러한 조악한 제품은 단속을 통해 압수되고 판매업자에게는 벌금이나 금고형이 부과되었지만 그래도 근절되지 않았다.

밀수는 조직적으로 행해져서 국내에도 협력자가 많았다. 밀수업이 너무 번성한 탓에 어업이나 농업은 한때 노동력이 부족했을 정도라고 한다. 밀수 차를 하선할 곳으로는 인구가 적은 시골 마을이 안성맞춤이었다.

마을 사람 대부분은 밀수에 관계하여 밀수 차를 동굴이나 교회 지하실

조지 몰런드, 〈밀수업자들*Smugglers*〉
1793년, 그리니치 국립해양박물관

등에 숨기는 일을 도왔다. 배에서 내려진 차는 밤마다 말에 실려 런던으로 반입되어 도매업자에게 넘겨졌다. 도보로 이동해서 소량의 밀수 차를 팔아넘기는 사람도 있었는데, 그들은 발각되지 않도록 옷 속에 차 주머니를 꿰매어 숨겨서 운반했다.

맨섬*Isle of Man*이나 와이트섬 등의 많은 섬에 밀수 차에 관한 기록이 남아 있다. 전 수입량의 절반에서 3분의 2에 달하는 양을 밀수 차가 차지했을 정도였다고 한다. 정규 경로로 차를 구입하는 국내의 차 상인들은 밀수

차의 방지책으로 정부에 관세를 인하하도록 압력을 가했다. 하지만 그것이 실현된 것은 훨씬 뒤의 일이다.

화가 조지 몰런드*George Morland*는 잉글랜드 남부의 와이트섬을 좋아하여 섬의 자연을 테마로 한 작품을 많이 남겼다. 이 그림도 와이트섬에서 그려졌다. 작품을 그렸을 때 몰랜드는 이 광경이 밀수업자의 하선 장면이라는 것을 인식하지 못했다. 섬에서 몇 번이나 보았던 광경이므로 일상의 한순간이라고 믿었던 것이다. 하지만 그림을 완성한 후 지인의 지적으로 그 사실을 깨닫고 발표를 미루었다. 섬을 깊이 사랑했던 그는 섬 주민들의 범죄를 세상에 알리는 것을 마음 아파했을지도 모른다.

밀크 티

17세기 후반 프랑스의 상류 계급 여성 사이에는 서간이나 일기를 공개하는 것이 유행했다. 그래서 사람들에게 보이는 것을 전제로 서간을 쓰는 일이 일상이 되어 있었다. 프랑스에서 서간 작가로 높이 평가받은 세비네 후작 부인*Marquise de Sévigné*은 1680년의 서간에 이렇게 쓰고 있다. "제 친구 라사블리에르*La Sablière* 부인은 찻잔에 식힌 우유를 먼저 넣고 뜨거운 홍차를 부어 밀크 티를 우려내는 것이 습관이랍니다." 뛰어난 지성의 소유자인 라사블리에르 부인은 인기 있는 살롱의 여주인이었다. 그녀가 주최하는 살롱의 고정 멤버로는 작가인 라파예트*La Fayette* 부인이나 랑베르*Lambert* 부인, 루이 14세가 마지막으로 아꼈던 정부 맹트농*Maintenon* 후작 부인, 극작가 몰리에르*Molière*도 있었다. 라사블리에르 부인은 아무래도 귀중한 자기 찻잔에 손상이 가지 않도록 식힌 우유를 먼저 넣어서, 찻잔에 따른 차의 온도를 낮추려고 한 듯하다. 다른 서간에는 부인이 딸에게 차에 우유와 설탕을 넣어서 마시는 것을 권했다고도 적혀 있다.

프랑스의 살롱에서 발전한 밀크 티는 곧 영국에도 전해진다. 하지만 영국에서는 원래 뜨거운 차를 직접 찻잔에 따랐다. 우유를 넣는 순서는 라사블리에르 부인과는 반대로 먼저 차를 따른 다음 우유를 넣는 것으로 바뀌어 에티켓으로 확산되었다.

하지만 19세기가 되면 이 순서는 다시 바뀐다. 노동자 계급의 서민들은 뜨거운 차를 바로 부으면 구하기 힘든 찻잔이 상하지 않을까 염려스러웠다. 그래서 라사블리에르 부인과 마찬가지로 우유를 먼저 붓고 그다음에

차를 따르는 것이 새로운 습관으로 정착된 것이다. 우유를 나중에 넣는 쪽은 상류 계급, 먼저 넣는 쪽은 노동 계급. 당신이 즐기는 방식은 어느 쪽인가?

그림을 살펴보자. 시누아즈리 문양이 그려진 티볼에는 밀크 티가 담겨 있다. 물론 밀크 피처에도 시누아즈리 문양이 그려져 있다. 테이블 중앙에는 버터 바른 빵, 오른쪽 위에는 다 쓴 다기를 담아둔 슬롭볼도 묘사되어 있다. 밀크 티에는 티스푼이 담겨 있는데, 마치 떠 있는 듯 부자연스럽게 보인다. 아마도 다 녹지 않은 설탕이 한가득 들어 있을 것이다. 생각해 보면 얼마나 사치스러운 티타임인가!

스위스인 화가 장 에티엔 리오타르*Jean Étienne Liotard*는 이탈리아, 그리스, 콘스탄티노플을 여행하고 중동과 동양 문화에 눈을 떴다. 1744년 무렵 빈에서 발표한 〈초콜릿을 나르는 소녀*La Belle Chocolatière*〉가 그의 대표작이다. 그는 코코아뿐만 아니라 커피와 차 그림도 많이 그렸다. 필자가 파악한 것만도 음료를 테마로 한 그림이 10점 이상이다. 동시대의 화가 중에서도 드문 부류에 속한다. 세비녜 부인의 서간과 마찬가지로 그림도 역시 당시의 차 문화를 현대의 우리들에게 전달해 주는 귀중한 자료가 되고 있다.

장 에티엔 리오타르, 〈티 세트가 있는 정물*Nature morte au service à thé*〉
1781~1783년경, 게티 미술관

 ## 티컵을 잡는 방식

그림 속의 여성은 허리를 꼿꼿이 세우고 정면을 응시하며 차를 마시고 있다. 주목할 점은 그녀의 손이다. 티컵을 잡은 손가락 끝의 아름다움이 눈을 끈다. 티컵을 잡는 방식은 현재에도 많은 사람이 신경 쓰는 티 에티켓 중 하나다. 어떻게 잡는 것이 바른 것인지 여러 논의가 이루어지고 있다. 일반적으로는 컵의 손잡이를 움켜쥐는 것이 아니라 집는 것이 우아하고 아름답다고 여겨지고 있다. 특히 여성의 경우 손가락 끝의 섬세함이 두드러져서 우미해 보인다.

동양 스타일의 찻잔이었던 티볼에 손잡이가 붙은 것은 유럽에서 자기가 만들어지기 시작한 1740년 무렵부터이다. 손잡이가 생기자 뜨거운 차를 보다 안심하고 즐길 수 있게 되었다.

차가 아직 고가였던 18세기 중반에는 티컵이 현재보다 작고 호화롭게 만들어졌다. 그 때문에 손잡이에 손가락을 살짝 거는 것만으로도 잘 들 수 있었다. 손잡이 모양의 변천에 따라 잡는 방법의 좋고 나쁨도 변화했다. 18세기에는 새끼손가락을 세우는 것이 유행한 적도 있었다. 티컵과 균형을 이룰 수 있었기 때문이다. 하지만 19세기에는 저급한 인상을 주어서 에티켓 위반으로 여겨졌다.

앉은 자리가 소파인지 테이블 자리인지에 따라서도 잡는 방식이 달랐다. 소파라면 티컵을 컵 받침째 가슴 높이까지 들어 올린다. 테이블 자리인 경우는 티컵만 잡는다. 의자의 등받이에 기대앉는 것도 거만하게 보이므로 아름답지 못하다고 여겨졌다.

릴라 캐벗 페리, 〈한 잔의 차 *A Cup of Tea*〉
20세기, 로스앤젤레스 카운티 미술관

그림 속의 여성은 자포니즘풍의 티컵을 손에 들고 있다. 여기에는 이유가 있다. 화가 릴라 캐벗 페리*Lilla Cabot Perry*는 일본과 인연이 깊은 인물이다. 그녀는 보스턴의 상류 계급 가정에서 자랐다. 어머니는 『작은 아씨들 *Little Women*』의 작가인 루이자 메이 올컷*Louisa May Alcott*과도 교류했다.

그녀는 1874년 하버드 대학교의 영문학 교수 토머스 페리*Thomas Perry*와 결혼한다. 그는 막부 말기의 일본을 개국시킨 페리 제독의 조카의 아들이었다. 이 부부는 세 딸을 두었는데, 막내딸이 주일 미국 대사 조지프 그루*Joseph Clark Grew*의 부인이 된다.

페리는 결혼 후 1884년부터 본격적으로 미술의 길로 나아가서 화가로서 활약한다. 그녀는 일본 문화에 관심이 깊어서 일본인이나 일본 풍경도 그렸다. 1897년 남편이 게이오 대학교의 영어 교수로 초빙되자 함께 일본으로 가서 1901년까지 체재했다. 이 그림에 그려져 있는 티컵과 티포트는 일본의 사쓰마 도자기(薩摩焼)•의 디자인으로도 보인다. 어쩌면 그녀가 일본에서 살 때 구입한 것인지도 모르겠다.

잡는 방식이 아름다우면 티컵의 디자인도 더 아름답게 보인다. 〈한 잔의 차〉는 내면의 아름다움과 다도의 기본을 떠올리게 해주는 그림이다.

• 임진왜란 당시 일본으로 잡혀간 조선인 도공들이 사쓰마(지금의 가고시마)에서 도기를 구운 것이 기원이 되었다. 1867년 일본을 대표해서 파리 만국 박람회에 출품된 사쓰마 도기는 구미에서 유행하던 자포니즘에 큰 영향을 미쳤다. 그 후 'SATSUMA'라는 브랜드로 국제적으로 널리 알려지게 되었다.

 녹차

녹차의 존재를 유럽에 전한 것은 포르투갈 사람이다. 1546
년 포르투갈 상인 알바레스*Garcia de Escalante Alvares*가 녹차를 일본의 약초로
본국에 보고한다. 1565년에는 포르투갈 선교사 루이스 드 알메이다*Luís de
Almeida*가 다도 체험을 했다고 바티칸에 보내는 서간에 기록했다. 그는 사
카이 시(市)의 거상의 다실에서 다도를 체험했다. 정원을 지나 다실의 작은
문으로 들어갔다는 것, 다실이라는 특별한 공간에서 청결하고 아름다운
도구로 예법에 따라 차를 대접받았다는 것, 나아가 귀한 차 도구를 볼 수
있었다는 것 등이 쓰여 있다.

또 마찬가지로 선교사 루이스 프로이스*Luís Fróis*는 저서『일본사*Historia de
Japam*』에서 녹차를 이렇게 소개했다. "우리들은 일상으로 마시는 물을 차
갑고 맑은 것이라고만 알고 있다. 일본인의 물은 뜨겁고 차 가루를 넣어서
대나무 솔로 휘저어야 하는 것이다." 대나무 솔이란 차선(茶筅, 가루 차를 물
에 탈 때 쓰는 도구)을 가리키며 차 가루는 말차(末茶, 가루 차)를 말한다.

선교사들은 일본인이 보석이나 귀금속에는 그다지 흥미를 보이지 않
는데 다도의 도구에는 높은 가치를 부여한다는 것에 놀란다. 특히 '시중
산거(市中山居)'의 미학에는 감동한다. 다도를 즐기는 사람들은 다이묘(영
주)나 거상으로 호화로운 저택을 소유했다. 그런데 완전히 산골에 있는 것
처럼 오두막을 거리에 만들어 나무로 숨기고 간소한 다실에서 차를 즐기
는 것이다. 일본의 다인(茶人)이 사랑한 '와비(侘び, 간결함)'와 '사비(寂び, 한
적함)'는 18세기 유럽에서도 유행했다. 자연이 있는 그대로 보이는 풍경식
정원이 만들어졌으며 이러한 유행은 코티지(*cottage*, 작은 시골집)에서 여름

주말이나 짧은 휴가를 가족들과
함께 보내는 것으로 이어졌다.

1610년, 동경의 대상이었던
녹차는 나가사키의 히라도 항구
에서 유럽으로 전해져서 처음
에는 약으로, 이후에는 기호품
으로 전파되었다. 이 그림은 1760년대에 그려진 가족 초상화로, 소장처는
독일 북부의 함부르크 미술관이다. 함부르크는 유럽 대륙의 차 무역의 중
심이 된 도시로, 영국 왕실과도 인연이 깊다. 1650년 네덜란드에서 독일에
최초로 도착한 녹차는 함부르크에서 발매되었다. 당시에 차는 하선한 연
안에 가까운 지역에서 한정적으로 소비되었다. 특히 네덜란드에 가까운
니더작센주 *Land Niedersachsen* 연안 지방의 오스트프리슬란트*Ostfriesland*는 지
금도 차의 소비량이 각별히 많은 지역으로 알려져 있다.

그림 속의 인물들은 모두 호화로운 레이스가 달린 의상을 입고 있다.
모자의 깃털이나 여성의 진주 장신구 등으로 보아 유복한 일가라는 것을
알 수 있다. 부드러운 표정을 한 남성이 남편일까. 그의 손끝에 주목해 보
자. 하얀색 바탕 위 푸른색 문양 티볼에서 녹차를 받침 접시에 덜고 있다.
남자아이는 조르는 듯한 시선으로 엄마를 바라본다. 티볼은 두 개밖에 없
다. 고가이므로 아이의 차까지는 준비하지 않았을 것이다. 함부르크 미술
관에는 이 외에도 다회를 그린 18세기 그림이 다수 소장되어 있다. 이 지
역에 그만큼 차 문화가 깊이 뿌리내리고 있었음을 알 수 있다.

작자 미상,
〈가족 초상화*Family Portrait*〉
1760년경, 함부르크 미술관

 로톤다

'로톤다*rotonda*'는 둥근 건물을 가리키는 말이다. 일반적으로 윗부분이 돔 형식으로 되어 있고, '원형 건물' 또는 '원형 건축물'로도 번역된다. 17세기 귀족들 사이에는 학업을 마친 자제의 해외 유학이 유행했다. 유학처로는 문화적 선진국인 프랑스나 이탈리아를 선호했다. 그 대규모 졸업 여행을 '그랜드 투어'라고 했고, 가정 교사나 건축가, 철학자 등 교육자도 동행했다.

그들은 프랑스에서는 본고장의 살롱에 참가하여 철학적 논의에 빠졌고, 이탈리아에서는 폼페이의 고대 유적 등을 견학했다. 로마에서는 옛 시대의 훌륭한 건축물에 심취했다. 이렇게 배운 고전적인 철학이나 사상을 영국으로 가지고 돌아왔다.

그러한 사상을 대대적으로 받아들여서 건축된 것이 1742년 첼시*Chelsea*에 문을 연 래닐러 가든*Ranelagh gardens*이다. 첼시는 고급 주택가이므로 "다른 티 가든보다 고급이어서 배타적이며, 국내 최고의 휴양 시설로 품위 있는 가족이 모인다"고 가이드북에 소개되었다. 입장료는 2실링(약 2만 원)이고 불꽃놀이 등 이벤트가 있으면 3실링으로, 커피하우스 입장료의 20배에 가까운 고액이었다.

가든의 개장 이벤트에는 왕족과 귀족, 수상도 초대되었다. 래닐러 가든은 겨울에도 즐길 수 있도록 지름 약 50미터의 로톤다를 마련했다. 로톤다 중앙에는 커다란 난로를 설치했고 완만한 지붕에는 샹들리에도 달았다. 이렇게 어떤 날씨에도 즐길 수 있도록 고안되었다. 내부에는 벽을 따라

52개의 박스 좌석이 설치되어
손님들이 차나 식사를 즐길
수 있었다. 일부는 오케스트라
연단이나 파이프 오르간, 무대
도 설치된 호화로운 좌석이었
다. 난로 주변에는 박스 좌석
을 사용할 수 없는 대중을 위

한 테이블이 놓였다. 그곳에서는 차와 버터 바른 빵이 무료로 제공되었다.
오전에는 시계 방향으로 걷고 정오를 알리는 종이 울린 후 오후에는 반시
계 방향으로 걷는다는 독특한 규칙도 있었다. 그림 속에 그려진 사람들을
잘 살펴보니 시각은 오후인 듯하다.

로톤다 밖에는 많은 노점이 있었고 인공 연못에서는 뱃놀이가 인기였
다. 모차르트는 8세 때인 1764년 6월 래닐러 가든에서 개최된 자선 음악
회에서 하프시코드와 오르간을 연주했다. 신동으로 유명했던 어린 모차
르트의 연주를 듣기 위해 대중이 쇄도한 것은 말할 것도 없다.

래닐러 가든은 1803년에 폐쇄되었고 로톤다는 1805년에 철거되었다.
래닐러 가든은 일부만 공원으로 존속하고 있다. 이곳을 포함한 첼시 왕립
병원 정원에서는 매년 5월에 세계적으로 유명한 첼시 꽃 박람회가 개최되
고 있다. 방문한다면 옛날의 로톤다를 상상해 보는 것도 좋겠다.

조반니 안토니오 카날,
〈래닐러 가든 로톤다의 내부*Interior of the Rotunda at Ranelagh*〉
1754년, 내셔널 갤러리

　　홍차 교실을 이끌어 온 지 20년이 되었다. 그 세월 속에서 강의의 폭도 넓어졌다. 기초반으로 홍차를 우리는 법이나 산지(産地)의 맛을 익히는 것, 차 도구 감상, 나아가 세계 각지의 홍차 문화나 홍차가 거쳐온 역사, 홍차와 관계 깊은 식품까지, 26개의 강의 테마가 완성되었다. 응용반에서는 세분화된 홍차의 세계를 탐구한다. 현재 도쿄의 번화가 니시닛포리에 위치한 자택 겸 살롱에서 매달 250명의 수강생에게 강의를 진행하고 있다.

　　강의 자료로 홍차에 관련된 골동품 도자기나 은 제품, 인쇄물을 수집하기 시작한 것도 자연스러운 과정이었다. 인쇄물은 신문이나 잡지 기사, 광고, 삽화나 복식 도판, 풍자화 등 1,400장이 넘게 되었다. 그 집대성으로 2019년에는 고베 패션미술관의 기획 전시 〈애프터눈 티 풍경〉에서 400점 정도를 전시할 수 있었다. 다기와 복식의 컬래버레이션 전시는 명화 속의 티타임을 현대에 재현하는 매력적인 작업이었다.

　　"60점의 명화를 통해 홍차 문화를 풀어내 보지 않으실래요?"

　　하마시타 가나코(濱下かな子) 편집자로부터 제안을 받았을 때 너무 재미있을 것 같아서 가슴이 뛰었다. 그녀가 편집한 『명화 속의 드레스』의 애독자였으니 더욱 그랬다. 홍차 교실의 스태프들과 하마시타 편집자와 상담을 거듭하면서 그림 60점을 선정하는 작업도 충실한 시간이었다.

　　이번 60점의 그림에도 우리가 미처 다 알아채지 못한 차 문화의 비밀이 숨겨져 있는지 모른다. 10년 후에 같은 그림을 본다면 어떤 이야기가 떠오를까. 그날을 기대하며 홍차 문화에 대한 흥미와 관심을 닦아나가고 싶다.

Cha Tea 홍차교실 대표 다치카와 미도리(立川碧)

참고 문헌·도판 출처

※ 국내에서 출간된 책은 국내 출간명, 출판사, 출판 연도로 적었습니다.
※ 서양 고전 문학 작품은 국내에서 출간된 판본 중 최신 판본으로 적었습니다.

일본 문헌

- 『홍차의 세계사, 그림으로 읽다』, 이소부치 다케시, 강승희 역, 글항아리(2010)
- 『茶の世界史 改版−緑茶の文化と紅茶の世界(개정판 차의 세계사 − 녹차 문화와 홍차의 세계)』, 角山栄, 中央公論新社(2017)
- 『図説 英国貴族の城館: カントリー・ハウスのすべて(그림으로 보는 영국 귀족의 성채 − 컨트리 하우스의 모든 것)』, 田中亮三, 増田彰久, 河出書房新社(2017)
- 『お茶を愉しむ 絵画でたどるヨーロッパ茶文化(차를 즐기다 − 명화를 따라가는 유럽 차 문화)』, 滝口明子, 大東文化大学東洋研究所(2015)
- 『ヨーロッパ宮廷陶磁の世界(유럽 궁정 도자기의 세계)』, 前田正明, 櫻庭美, 角川学芸出版(2006)
- 『階級にとりつかれた人びと 英国ミドル・クラスの生活と意見(계급에 얽매인 사람들 − 영국 중산층의 생활과 생각)』, 新井潤美, 中公新書(2001)
- 『水晶宮物語−ロンドン万国博覧会1851(수정궁 이야기 − 런던 만국 박람회 1851)』, 松村昌家, ちくま学芸文庫(2000)
- 『英国骨董紅茶銀器シリーズ1~7(영국 앤틱 홍차용 은 다기 시리즈 1~7)』日本ブリティッシュアンティークシルバー協会(2000~2002)
- 『コーヒーハウス: 18世紀ロンドン, 都市の生活史(커피하우스 − 18세기 런던, 도시의 생활사)』, 小林章夫, 講談社学術文庫(2000)
- 『英国紅茶論争(영국의 홍차 논쟁)』, 滝口明子, 講談社(1996)

서구 문헌

- 『진지함의 중요성』, 오스카 와일드, 권혁 역, 돋을새김(2023)
- 『윈더미어 부인의 부채』, 오스카 와일드, 오경심 역, 동인(2022)
- 『티타임』, 헬렌 세이버리, 정서진 역, 따비(2021)

- 『살로메』, 오스카 와일드, 오브리 비어즐리 그림, 이한이 역, 소와다리(2019)
- 『데이비드 코퍼필드 1~3』, 찰스 디킨스, 김옥수 역, 비꽃(2018)
- 『크랜포드』, 엘리자베스 개스켈, 심은경 역, 현대문화센터(2013)
- 『Empire of Tea: The Asian Leaf That Conquered the World』, Markman Ellis, Richard Coulton, Matthew Mauger, Reaktion Books(2015)
- 『The Natural History of the Tea-tree』, John Coakley Lettsom, Cambridge University Press(2015)
- 『A Social History of Tea』, Jane Pettigrew, Bruce Richardson, Benjamin Press(2013)
- 『Victoria Revealed: 500 facts about the Queen and her world』, Sarah Kilby, Lee Prosser, Deirdre Murphy, Historic Royal Palaces(2012)
- 『Tea and Tea Drinking』, Claire Masset, Shire Publications(2010)
- 『The True History of Tea』, Erling Hoh, Victor H. Mair, Thames & Hudson(2009)
- 『Georgian House Style Handbook』, Ingrid Cranfield, David & Charles(2008)
- 『The Short Life and Long Times of Mrs. Beeton』, Kathryn Hughes, Anchor(2007)
- 『Victorian House Style Handbook』, Linda Osband, David & Charles(2007)
- 『Five O'clock Tea』, W. D. Howells, Harper and Brothers(1894)
- 『Mrs. Beeton's Book of Household Management』, Isabella Beeton S.O, S.O. Beeton Publishing(1861)

도판 출처

- p.6 Shutterstock 이미지
- p.10 Ian Dagnall Computing/Alamay Stock Photo
- p.18 Artepics/Alamay Stock Photo, Aflo
- p.98 Heritage Image/Aflo
- p.250 Shutterstock 이미지
- 기타 Aflo, Shutterstock 이미지

토요일 오후는
벤치에 앉아 쉬다 가세요

토요일 오후는
벤치에 앉아 쉬다 가세요

송산호

김경아

담 월

도 이

신 월

정승민

이세원

김태정

따스함 더하기 눈물 한방울   35
김경아

푸른 달은 은하수 아래 뜬다   103
신월

숲 사랑 친구들의 숲 생태 이야기   143

김태정

가족 오락관

송산호

송산호   엄마가 내게 지어주고 싶었다는 이름. 그 이름이 되어 시를 쓴다. 내 안에 자그맣
게 숨 쉬던 시를 비로소 꺼낸다. 어떤 색깔과 모양이든 지금의 나를 만든 팔 할은
가족이었다. 잔잔한 호수처럼 일렁이는 내 가족에게 이 시를 바친다.

주말 패키지 (since 1996)

이조갈비에서 외식하는 날이면 소풍 가는 것처럼 좋았다. 숯불을 기다리는 동안 밑반찬들이 앞다퉈 깔렸다. 미래는 양념게장을 독차지했다. 담배 한 개비 입에 물고 배부른 저녁의 뒷골목을 지나 아빠는 어슬렁어슬렁 상아 노래방으로 들어간다. 콩밭 매는 아낙네를 찾아 칠갑산에 올랐다가 아무도 찾지 않는 이름 모를 잡초를 뽑느라 목이 다 쉬었다.

일요일 아침이면 네 식구는 목욕탕에 갔다. 때를 제대로 밀지 않는다고 엄마한테 혼이 났다. 난 왜 만날 혼만 나는 부족한 사람인 걸까. 철썩, 등짝을 한 대 맞으면 서러운 맘이 불어났다. 미래는 맨살이 벌겋도록 빡빡, 혼자서도 때를 잘 밀었다.

그날 저녁, 세 들어 살던 집 마당에 묶여 있던 해피가 사라졌다. 우왕좌왕하는 사이 아빠는 동네를 다 헤집고 다녔다. 주말드라마가 끝날 무렵, 밖에서 방울 소리가 났다. 해피가 돌아왔다. 부스스한 털로 눈이 가려진 채 헐떡이는 해피 뒤로 까만 어둠이 밀려오고 있었다. 학교에 가기 싫어, 흘러가는 밤의 바짓가랑이를 붙잡고만 싶었다. 개집 안에 감춰둔 불안과 소심한 마음이 자꾸만 삐져나왔다. 멍한 얼굴 위로 어스름한 달빛이 스치고 지나간다

가족 愛 발견

추석 연휴 지나 돌아가는 밤
아버지 음성이 귓전으로 흘렀다
고맙다, 고맙다

소주 2병과 말보루 한 갑이 담긴
검은색 봉지를 손에 쥐고
집으로 돌아가던
열 몇 살의 나는 어디론가 증발해버리고 싶었다
아버지, 나는 술 심부름이 세상에서 제일 싫었어요

천둥소리 새어 나갈까 조마조마
투명한 소주잔에 채워지고 비워지던
아버지의 희뿌연 한숨
미안하다, 미안하다

가족이라는 이름은
쨍하게 내리쬐다가도 소낙비에 처마가 젖고
태풍이 몰려와 온통 휘젓고 가는, 긴 장마
벗어나고 싶은, 처연한 울타리였다

담배 연기 거치고
메마른 가지처럼 뻗은 팔과 다리

온정 없이 흘러간 세월
배 불뚝 거대한 사내였던 아버지,
어디로 가셨나요

원망으로 뒤엉킨 가시덤불 너머
서로를 향한 애달픈 마음

물망초로 피어난다

담쟁이의 집

- 엄마에게

한 생명을 위한 기다림
든든한 돌담이 되었다

아이가 무럭무럭 자라날수록
견고해진 돌담
수천 번 온몸으로
거센 바람 막아내며
견뎌낸 세월이었다

어긋난 마음과
밤송이 같은 모진 말로
담벼락에 생겨난 한 줄기 금

벌어진 틈 사이로
내려앉은 찬 서리, 가실 줄 모르고
홈집을 아로새긴 건 저였습니다

담벼락 틈에서 피어난
초록의 꼬마 담쟁이, 머뭇거리다가

고개를 든다

틈이 난데로 아름다운
오래된 돌담을 바라본다

가만히
돌담에 수놓고 싶어서

수줍은 고백

넋 나간 사람처럼 거리를 헤매다
생채기 난 얼굴을 보고
엄마는
말없이 전복죽을 쒔다
상처야 아물어라, 내장까지 넣어 끓인
푸른 전복죽

베갯잇을 적시다가 잠들면
둥둥 떠다니다가
심해로 추락하는 꿈을 꾸네

물살에 떠도는 작은 산호 조각

정처 없이 흐르다가
내려앉은 바위섬
작고 노란 꽃으로 피어나고 싶어

나로 살고 싶어서

이렇게 끄적이는 건
다른 이유가 없어요

모찌에게

　집채만 한 사자가 나타났다. 날카로운 송곳니가 반짝인다. 넘실거리며 빛나는 은빛 갈기, 나를 휘감고 고요한 호수로 들어간다. 커다란 앞발에 기대어 얼마나 내려갔을까. 사방에 온통 검푸른 숲이 목 놓아 울고 있다. 우리의 눈물은 셀 수 없는 잎사귀를 만들고 수심은 소리 없이 깊어졌다. 물살에 휘청이는 나를 붙잡아준 너,

　눈물이 마르기도 전에 잠에서 깼다. 톡톡, 엄지손톱만 한 앞발이 내 어깨를 건드린다. 까만 구슬 같은 두 눈 온통 나를 담고 톡톡, 톡. 자그마한 발바닥 더운 온기가 살갗을 뚫고 한없이 퍼져나간다

미화의 전설

시골에서 캐왔다는 고사리 한 묶음
사과 몇 알, 밑반찬 몇 개
손님들의 손마다 주렁주렁 달린 마음

이곳에서는
김밥 한 줄, 떡 한 덩어리도 나눠 먹어야 한다
미용실에 딸린 뜨끈한 아랫목
찬밥에 김치 한 쪽도
나누어 먹으면 꿀맛

온종일 서서 남의 머리를 만진다
오늘따라 파마 손님이 많아
이모는 드러눕고 싶어도 누울 수가 없어
중화제 냄새와 커피믹스 향이 뒤섞인
동네 미용실, 40년 세월이 드라마처럼 흘러갔다

짱짱하게 잘 나온 파마
웃음으로 화답하는 거울 속 손님
또 올게요!

작은 몸집에서 터져 나오는 트로트 가락
찬원이, 목 놓아 꺾을 때마다
땡땡 부은 손가락 마디마디
덜 아프구나!

지친 하루의 끝 셔터 내리면
기다렸다는 듯 차오르는 밤

노량진에 가면
칠십이라고는 도무지 믿기 힘든
동안의 미용사가 있다

변신의 귀재

- 미래와 재현의 결혼 5주년을 축하하며

언니는 왜 이렇게 옷을 못 입어
센스 넘치는 코디로
노량진의 패셔니스타
동네에 쩌렁쩌렁 울리던 구두 굽 소리
화려한 도시 여자가
변했다

뙤약볕에 알알이 여문 옥수수
한 포대 넘치도록 따오고
새콤한 고야를 집마다 나눠 준다
가을이면 통통하게 살 오른
고구마를 캐러 간다
그 야무진 손으로 담근 김치
매년 먹게 될 줄 미처 몰랐다

춘천댁이 다 된 내 동생 미래

연한 고구마 줄기 같은 미래
그 곁을 지키는 제부는

포슬포슬한 감자처럼 속이 꽉 찼다

같은 곳을 바라보며
다정히 걷는 동생 부부
걸음마다 피어나는 단정한 마음들

붉게 타오르는 석양
두 사람 가는 길 환하게 비추고

찬란한 미래
저만치서 손짓한다

눈물의 서커스

붉은 조명 무대에 차오르면
곡예사들의 쇼가 시작된다
바람을 가르는 날렵한 치타였다가
재주 많은 원숭이
닳고 닳아도 구르는 굴렁쇠

나이 많은 여자 곡예사
밧줄 하나에
밑천인 몸뚱이를 맡긴 채
빙-그르르
메마른 낯빛으로
매달려있다

공중에 흩어지는 울음 방울

엄마, 왜 울어?
응, 나를 보는 것만 같아서...

허공을 떠도는
처절한 몸부림 너머

하얗게 타버린
청춘의 다부진 어깨여

세월의 풍파 속 꺾여버린,
엄마의 날개가
스쳐 갔다

박수갈채 흘러넘치는
환호의 바다 한가운데

엄마는 펑펑 울고 말았다

거북의 꿈

느릿느릿 걸음을 옮긴다. 모래바람 머문 자리 딱딱한 갑옷 두른 거북이 잠시 몸을 웅크린다. 귀뚜라미 소리가 적막을 덮을 때, 장맛비가 우렁차게 솟구칠 때, 거북은 목구멍 깊은 곳에 가둬둔 눈물주머니 터뜨린다. 밤송이 같은 말들 후드득 쏟아지는 날이면, 등 껍데기에 움푹 팬 상처들. 아물기 전에 고귀한 무늬가 되었다. 때때로 나를 지켜주는 단단한 방패였다

더 늦기 전에 컴컴한 밤의 강을 건너야 한다. 솔방울 같은 기억들 그대로 남겨둘 거예요. 등 껍데기 벗어 길섶에 내려놓는다. 끔벅끔벅 주름진 눈꺼풀 위로 어른거리는 밤이슬. 짙푸른 수풀 사이로 천천히 걸어 들어간다

나의 작은 시

무심히 걷다
걸음을 멈춘다

만평 하늘에 세를 얻은
저녁놀
꽃문양 이부자리 펼친다

안주머니 깊숙한 곳에서
꽃씨 하나
슬그머니 꺼내어

후–

시작 노트 —※

며칠 전, 가족 단체 톡에 빛바랜 사진 한 장이 올라왔다. 관악산 가파른 산길을 일렬로 오르는 네 식구의 뒷모습. 20여 년도 더 지난 그 사진에 자꾸만 눈길이 갔다.

사실 나는 기억력이 그리 좋지 않다. 유년 시절을 떠올리면, 몇 개의 장면과 에피소드가 간신히 기억날 뿐이다. 희미한 기억을 쫓다 보면, 그날의 공기와 냄새, 분위기가 마치 도화지에 채색하듯 되살아났다. 마음속 다락에서 몇 장의 추억을 꺼내 시를 써 내려갔다. 미워하다가 미안하다가 애처롭다가 사랑하기를 반복하던 어린 시절, 가족은 내게 온 우주였다.

긴 세월 함께 한 우리는 적당한 간격을 유지한 채 각자의 삶을 살아간다. 표현하지 못했을 뿐, 마음은 늘 함께였다. 시를 쓰면서 과거와 현재, 그리고 미래의 나를 만나고 왔다.

덧붙이는 말.

동생 미래는 내게 '시집가는 것보다 시집 내는 게 훨씬 빠를 거다'라고 장담하곤 했다. 미래의 예언이 맞았다.

따스함 더하기 눈물 한방울

김경아

김경아　꼬꼬마 시절부터 무언가 끄적이는 걸 좋아했다. 늘 마음에선 끄적임의 잔물결들이 찰랑거렸다. 집 앞 밤 바다의 초록달빛 아래에서 시와 함께 춤을 추며 따뜻하지만 눈물겨운 삶을 살아내고 싶다.

인스타그램: @shtherese1001

그런 날에

하늘가를 떠돌던 얽힌 그리움이
안개 되어 가슴에 피어오르던 날

그리움 한송이 꺾어
투명한 유리병에 꽂아두고
날 선 바람에 마음을 맡긴 채
그를 만나기 위해
야트막한 언덕길을 오른다.

유월 한낮,
때 이르게 치열한 햇살은
실 판같이 가녀린 내 등에 무심히 내리 꽂히고
소금기 먹어 서걱이는 땀방울은
작은 이마에서 애처롭게 아우성친다

눈에 보이는 그와 나 사이의 거리는
살랑이는 바람 한 줌의 거리

유월 그 어느 날
반도의 핏빛 안갯속에서 무참히 스러져 갔을

그와 나 사이의 거리는
한눈팔 듯 서로를 잃어버린
아픈 상처의 시간

부유하는 시간을 거슬러
그를 만나기 위해
햇살과 바람을 가로지른다.

거기,
야트막한 산등성이 언덕 그곳에
모란꽃 청춘의 그가
슬픈 웃음으로 누워있다.

내가 쏙 빼닮았다는
한 번도 만나지 못한,
단 한 번도 볼 수 없었던
애잔함 속의 아버지가
푸른 청춘을 등지고
스러지듯 그곳에 잠들어 있다.

바람에 그리움 섞여 출렁이는 날,
차가운 하늘가에 그의 그림자 설핏한 날

그런 날에,
그런 날에는

시간의 강을 거꾸로 거슬러 올라
슬픈 유월의 그를 만나러 간다.

친정어머니

눈물샘 모두 말라버려 스러진대도
끝없이 그리운 내 어머니

파도치는 신산했던 삶도
사랑으로 엮어가신
가시덤불 지난 세월

냉이꽃 같은 여린 미소
굵은 주름 속에 묻혀 버렸지만
주름골 따라 깊어진
끝없는 사랑
사랑

길고 긴 인생길 돌아
이제는 얇은 문지방 베고 누우신
내 작은 어머니

고단함 덜어내고
눈부신 오월의
빛나는 꽃이 되신
나의 어머니

흔적

아침이 기지개 켜고
햇살 한 줌이 뿌연 창을 닦는다.

밤새 그리움의 바다에서 헤엄치다 맞은 아침
소금기 잔뜩 먹은 눈물을
방안 가득 뚝뚝 떨어트린다.
그 눈물 위에 사계절 품고
파란 웃음 날리던 네가 뿌옇게 번진다.

열어젖혀둔 대문 위에
바람 한 자락 걸터앉아 꼬박꼬박 졸고 있는 한낮
무심히 서랍 속의 몽당연필을 꺼낸다.

'빛나던 청춘의 너에게'

사각사각 연필심 굴러가는 소리가
피멍 되어 가슴을 때리고
멍 삭은 그 자리에
다시 피어나는 선홍빛 그리움

길었던 하루가 방안 가득 숨죽이는 저녁
꼭꼭 닫아 두었던 커튼을 젖힌다.
너와의 깨알 같던 살굿빛 추억들
소슬바람 속 별빛 되어 촘촘히 가슴에 박힌다.

사방에 각인되어 남겨진 너의 꽃 그림자 밟으며
오늘도 나는 꽃멀미 속에 아득히 너를 그린다.

하루도 비우지 않고
열어둔 대문 안으로
퍼덕거리며 헤엄쳐 들어오는
푸른 청춘의 네가 보인다.

할아버지

조팝꽃 흐드러지게 피어 휘청이던
유년시절 오월의 뜨락엔
노오란 좁쌀 밥 잇몸으로 씹어 삼키던
고된 일상의 할아버지가 앉아 있다.

커다란 무쇠 가마솥
일렁이는 장작불 앞에서
뭉글뭉글 끓어오르는 소 여물을 휘 휘젓던
단단한 노동의 등판을 지닌 나의 할아버지가

험난했던 나날들
찰나의 행복도
호미와 밭고랑 속에 켜켜이 묻어두고
그저 온몸 살라 일구어낸
침묵의 사랑

꽃 이파리 눈꽃 되어 흩날리던 어느 날
삶의 무게 쌓여간 골짜기 언저리에
주름진 세월 내려놓고
소박한 무꽃 웃음 띄우며 마무리한 인생 여정길

봄 볕 가득 내린 오늘 나의 뜨락에서
가만히 불러보는 이름
그립고 그리운 할아버지

하얀 머리칼, 긴 수염
듬성듬성 무른 잇몸의
내 할아버지 보고파 달려가는 논둑길에
방울방울 피어나는 오월의 눈물

내일

수줍게 수줍게 달려온 너와 나
물이 되어 흐르리라 약속하던
우리의 그날

천둥과 번개의 아우성 속
굵은 장대비 폭포처럼 쏟아져 내려
눈물로 심은 아픔 감춰지던 날
내 가슴에도 장대비가 비수 되어 꽂혔다.

삶의 우기, 녹슨 목소리
순간 속에 영원처럼 묻히고
서걱이는 모래밭에 내려 놓았던
그리움 한 자락
다시 집어 들다.

가녀린 어깨
얇은 힘줄로 버티어 낸
우리의 내일은
다시
물이 되어 흐른다.

가을

부드럽게 휘청이며
한 잎, 두 잎
살랑살랑
뜨락에서 서성인다.

숨 죽이고 속삭이더니
한 걸음씩 촘촘히 마음 적시며 다가온다.

알록달록 햇살이 천천히 들판을 닦고
노랗게 익으며 서녘으로 기운다.

밭 둑,
엄마의 늙은 호박도
뭉글뭉글 누렇게 끓는다.

초승 낮달

한여름에도
시린 겨울 아침처럼 창백한 그림자

성큼 베어 문 슬픔 한 조각
꼬부라진 허리춤에 매달고
높다란 하늘 길 따라
흔들리며 떠다닌다.

너를 따라 길 떠나는 나는
차가운 이방인이거나
외로운 방랑자

언제쯤이나 나는 네 안에 담길 수 있을까

너의 그림자 아래
서성이며 접는 하루

빗방울

빗방울이 주르륵 미끄럼 탄다.
우리 집 꽃밭 지렁이 가족
고개 쏙 내밀고 나들이 나와
꾸불렁 꾸불렁
빗방울 따라 미끄럼 탄다.

빗방울이 통통통 발끝 들고 춤춘다.
우리 집 푸들 별이
길다란 다리 들고
펄쩍펄쩍
빗방울 따라 발레 한다.

빗방울은 신발을 신었을까?

지렁이도, 별이도
빗방울 따라 보들보들 맨발로
꾸불렁 꾸불렁
펄쩍펄쩍

빗방울 오선 위
신나는 하루

안녕
-나의 별이에게

오늘도 너에게 인사한다.
안녕
가장 소중한 너에게

미안해 혼자 두고 가서
곧 돌아올게

나의 눈에 너의 간절한 온 마음을 담고
너의 별빛 눈동자에 나를 남겨두고

'안녕'

수많은 안녕을 하며
파란 대문 밖으로 한 발짝을 내딛는다.

애처로운 눈빛을 볼 수는 없어도,
보드라운 털을 만질 수는 없어도,
장난기 가득한 너의 바쁜 두 발을 쥘 수는 없어도

괜찮은 위로의 말
안녕

잘 다녀올게
기다려 줄래?

이별 후에

물음표 가득 채운 가방 들고
하루를 걷는다

우리,
서로 사랑했을까?

너의 그림자라도 밟고 싶은 날

한숨 섞인 걸음 자락
잠시 누이고 싶어
별 자리 찾다 올려다본 하늘

손짓하며 불러도
사랑은 애닯게 애닯게
뒷걸음친다.

우리,
서로 사랑했을까?

꽃들이 여름 강을 건너와 시든 그 자리
애처롭게 사랑이 젖는다

나의 조카들에게

잔디 가득 꿈을 퍼 담아 축구공과 함께 달리던
열다섯 살 한아
이제는
작은 가방에 또 다른 꿈을 담고
먼 길 떠나는 스무 살 너의
하루하루를 응원할게

포르르 잠자리 날갯짓에도 까르르 웃던
김치 먹기를 힘들어했던
일곱 살 호아야
하늘 가르는 열아홉 살 비행기 날갯짓
낯선 푸르름도 너의 것으로 안을 수 있기를
암스테르담 햇살의 속삭임을 전해줄래?

후두둑, 후두둑
사랑의 기운 온 사방 흩뿌리고 다니는
열여덟 살 권아
꼬물거리는 동생 손 잡아주던
일곱 살 너의 작은사랑이 기억나
따스해져

떨어지는 잎새도, 할머니의 눈물도
사라지는 것들이 아님을 너는 알지
너의 따스함으로 덮여질 세상을 그려본다.

건아야,
신부님이 되고 싶다던
열 살 즈음 무채색 너의 꿈
고이 접어 책상 서랍에 넣어두고
사랑으로 양념한 김치찌개
가닥가닥 꿈으로 엮은 알록달록 잡채
투박한 손으로 뚝딱 차려 저녁 식탁에 얹혀진
너의 열여섯 살 맛있는 꿈이 기대되어져
이모는 행복해

양손 가득 커다란 족발 뼈다귀 들고
옹골지게 뜯던 일곱 살의 너
가족의 웃음 창고지기 김서영
어느새 열여섯 살
곁에 있는 것만으로도 행복한 아이
너 없는 세상은 상상할 수 조차 없어
파란 웃음 폴폴 날리며 오래도록 고모 옆에 있어줘
사랑해, 사랑해

여린 연두와 짙은 초록 사이
꿈의 강을 건너고 있는

한
호아
권
건아
서영

마음 깊은 곳에
너희의 세상을 키워 가기를

스쿠버 다이빙

　짠물과 타오르는 태양이 싫었어요. 꽉 끼는 슈트에 숨 막히는 답답함도 싫었어요. 배에서 바다로 떨어지는 그 순간의 공포는 더욱 나를 힘들게 했죠. 그런 맘을 아는지 모르는지 당신은 자꾸만 자꾸만 나를 바다로 끌어당겼어요. 슈트를 입혀 주며 답답함 속으로 나를 밀어 넣었고, 마스크(물안경)가 벗겨진다고 머리칼을 검은 모자 안으로 끝없이 넣어 주었어요. 배에서부터 물속까지 두 손과 두 발로 나를 잡아준 당신. 여왕 다이빙이라고 놀려도 늘 같은 모습으로 나를 물 속으로, 파도 속으로 끌어댔어요. 주말이 싫어 도망치고만 싶었죠.

　바닷속이 몇 번의 옷을 갈아입으면서 계절을 건너가는 동안, 조금씩 주말의 바다가 익숙해져 가던 어느 날이었어요. 당신의 두 팔과 두 다리에 갇혀 아득히 물속으로 내려갔던 그날, 거침없이 우르르 우르르 밀려오는 작디작은 멸치 떼를 보았던 그날을 잊을 수가 없어요. 무리 속에 들어 있는 나는 또 한참 작디작은 인간일 뿐이었어요. 어느 날엔 나보다 더 큰 키의 말미잘이 파도를 따라 이리저리 흔들리며 춤추는 모습도 보았죠. 그 아름다움과 신비로움에 내 마음과 몸도 함께 흔들리며 황홀해했었어요. 모래와 같은 색깔로 숨어 쉬던 귀여운 물고기에게 하트도 날려 주었어요.

스쿠버 다이빙의 묘미는 이런것이라며 마스크 속 당신의
눈과 입이 활짝 웃고 있었죠. 그 웃음 안에는 내가 가득 담
겨 있었어요.

그때의 바다로 돌아갈 수 있을까요? 우리의 일상을 삼켜
가며 귀에 걸려 흐느적거리던 흰색 마스크들이 바다 위를
표류하고 있어요.

병상 항해

엄마의 팔십 평생이 작은 혹 안으로 스며들어가
고통으로 숨 쉬는 동안에도
나는 그녀가 끓여주는 보글보글 된장찌개에
짜증과 푸념을 섞어 아프게 돌려주었다.

시간의 줄다리기에서
엄마는 늘 승자일 거라 생각했던 믿음이
허무하게 깨어지던 그날,
그녀는 병원 침대에
맨발로
거칠게 휘어진 작은 나뭇가지처럼 누워있었다.

뒤늦은 후회로 멍들도록 가슴을 때리는 내게
괜찮다,
괜찮다고,
엄마는 괜찮다며
곧 허물어질 듯한 온기 없는 웃음을 보였다.

바다 숲을 감고 도는 강릉의 겨울 회오리바람에
온 마음을 맡긴 채

우리 두 사람은
차갑고 어두운 병실에서
폭풍우 치는 60일 밤을
함께 항해했다.

숨을 고르며
항해를 마치던 날
그녀의 거칠었던 맨발은
폭신한 양말에 덮여있었고
홀로 무참히 그녀를 파고들었던 마른 혹은
저 멀리 깊은 강릉 앞바다로 서서히 가라앉고 있었다.

탄생
- 내가 태어나던 날

첫새벽 소슬바람이 작은 소리로 울고 있다.
새댁의 눈물이 별자리 위로 번져가고
쓸쓸한 바람은 그녀의 꽉 쥔 두 주먹 사이를
아프게 스쳐 지나간다

시골집 마당가를 떠도는 어슴푸레한 아침
앙상한 가지 끝
달랑 외롭게 매달린 차가운 홍시처럼
그녀의 이마엔 시린 땀방울들이 수없이 대롱거렸다.

불그스레한 햇살이 꽃물 들이며
천천히 방 안으로 스밀 적
빨갛게 물든 작은 아기를
맥없어진 언덕 위에 눕혀놓고
그녀는
반짝이는 별을 그렸다.

언덕의 별
경아(庚阿)

그녀의 커다란 아픔을 먹고
작은 그녀는
그렇게 태어났다.

시작 노트 —✳

　잔물결 같은 애잔함이 나의 시 전 편에 찰랑거리며 흐르고 있다는 것은, 어쩌면 모든 사물을 그런 눈으로 바라보는 나의 감성에서 비롯되지 않았을까 싶다. 넘치지 않게 보고자 하나 그것이 쉽지는 않다. 그래도 좋다.

　여기에 쓰여진 모든 시를 곁에 있는 나의 그대들이 읽어주기를 바라며,

　가족과 함께 따스하고도 눈물겨운 강이 유려하게 흐르는 다정한 삶을 살고 싶다.

시를 줍는 청소부

담월

담월　1969년 여수에서 태어났다. 해양학과를 졸업한 뒤 연구를 하고 싶었으나 뜻을 이루지 못하고 용역회사를 하고 있다. 먹고 살기 위해 적성과 맞지 안은 일을 하며 세상과 싸우다 우연히 시 쓰는 법을 알게 되어 나머지 삶은 세상에서 줍지 않은 시를 줍는 청소부가 되어 보고자 한다.

태백산맥

술향기 밤바다를 가득히 채웠구려
한옥에 대금 자락 한가득 울리는데
밤 풍경 고즈넉한 곳 태백산맥* 서 있네

소호가 아름답게 빛나는 봄 초야에
벚꽃은 내님인 양 거리를 밝히는데
가버린 태백산맥에 왜 임 향기 남겼소

나 홀로 술잔 들고 봄 야경 즐기노라
험한 일 겪어보니 세상은 의미 없고
삶 속에 넘실거리 던 슬픈 이들 있었네

*여수시 소호동에 위치한 한옥카페

달의 운명

살을 찌워야
날씬했던 때로 돌아갈 수 있는
운명이여

밤에 해바라기로
피었다 지고 마는
운명이여

빛이었다가
어둠이 되어버리는
운명이여

그대를 농락하다
먼저 사별한 시인들의
운명이여

그대는 이 밤에
또 뜬 달의
운명인가

커피와 나

매일 아침 차를 주문한다
창가에 앉아 마주한 차 한 잔도
분주한 이들에겐 사치이리라

매일 아침 하는 차 한 잔이
가진 것 없는 이에게는 소박하게
즐길 수 있는 삶의 여유로움이리라

매일 차 한잔에 풍경을 보며
시를 쓸 수 있는 여유가 있다면
또 하나 행복을 찾아가는 길이리라

고민과 고통을 잠시 내려놓고
사색에 잠겨 멍 때리는 시간 속에
자아를 찾아가는 여행이리라

여행을 떠나고 있다
차 한 잔속으로

논의 성형

하루 꼬박 걸려 논에 물이 차고
안개가 강둑에 장막을 쳤네
떠오른 해는 안개 지워가고

논 위로 왜가리 긴 다리로 거닐며
부리에서 도망치려는 물고기
입안에 밀어 넣으려고 안간힘 쓰네

밤새 내렸던 기온도
활기를 찾아가는 아침
논에 물 대던 펌프 소리 멈춰지고

논에는 은빛 쟁반 위로 솟은 흙덩이들
울퉁 불퉁한 얼굴로 태어나
새로운 친구를 맞이할 준비 하네

트랙터 들어와 굉음을 내지르며
논을 갈아엎고 유유히 사라지네
견디다 못한 논 철퍼덕 실신하고 마네

뼈가 앙상한 담

온몸에 금이 가서
살점이 떨어져 나가
뼈대가 휜히 보이네

쓰러져 가는 옛 담아
세월을 믿고 지탱하다
배신을 당했더냐

기울어서 홀로 설 수 없는 오늘
무너져 갈 것을
세상이 미리 알려주지 않더냐

받쳐진 나무기둥도
세월에 속아 언제 무너질지
너는 아느냐

때가 되면 쓰러지고
늙어지면 허리 굽어지고
세월을 믿었더니 된 일들일세

봄 향기

바람에 풍경소리
꽃들에게
깨어나라 몸을 비벼대네

서서히
내리기 시작한 비는
벚꽃의 종말을 예고하네

벚꽃이 화려하여
세상을 짙게 물들여도
스며들지 않는 향기의 세계로다

꽃길 인생에
향이 얼마나 없었더냐
둘러보면 될 것을 땅만 보고 걸었네

산의 침묵

언제까지
바라보고 있어야만 하나
먼~ 산아

장엄한 음악소리에
밭두렁에 핀 찔레꽃
너만 바라보네

지나는 바람에
손짓도 없이
그렇게 주저앉아 있으려나

지나가는 바람
물 마시듯 한 모금 입에 털어 넣고
세상 갈증을 풀어내는구나

세상을 품었구나
새소리 울음만
산속에 우렁차게 울리도록

공주보

금강물은 고요하여 말이 없고
고마나루 바람도 잔잔하여 침묵하고
가로막힌 공주보에 나루터는 말없어라

인간의 욕심에
강물은 연두 빛으로 썩어가고
생명은 죽어가나니

금강은 고요하여 말이 없고
바람도 잔잔하여 침묵하고
가로막힌 공주보에 나룻배만 한탄하여라

걱정

내일을
기다린다는 건
걱정 때문인지 모른다

산다는 건
매일 삶에
끼어 있는 문제를
해결하기 위해선지 모른다

오늘을
버티기 힘든 건
내일이 오지 않았고
문제 해결도 오늘 해선 안 되기 때문이다

때로는
인생에 기다림이 필요한 때도 있다
지루할 정도로 아무 일도 하지 말아야 할 때가 있다 망부석
처럼

그래 그런 날이

인생 어디쯤인가
꼭 끼여 있다
책꽂이에 꽂힌 책 속 책갈피처럼

홍시의 야간 비행

바람도 없이
홍시가 툭하고
떨어집니다

너무 익어
매달리기 힘들었던 모양입니다

이 밤에
또 툭하고
소리가 들립니다

나뭇가지
붙잡는 소리도 들립니다

이번엔
떨어지기 싫었던 모양입니다

뭉개진
얼굴을 누군가에게
보이기 싫었을 겁니다

그리움

항상
그리운 사람은 따로 있다

항상 곁에 있어도
마음을 받아주지 못하는 사람

항상 멀리 있어도
마음을 이해하고 알아주는 사람

그 사람이 그립다
일이 잘되어 갈수록

홀로 술 한 잔에
오늘 밤 외롭게 야경을 안주 삼네

묵묵히
갈 길을 알아봐 줬던 사람

이제는
그 사람이 곁에 없다

그립다

사랑이란 걸 깨닫게 되기까지

비 오는 날

비 오는 날
모닥불은 비에 젖지 않았네

살아 숨 쉬는 것만
비에 촉촉이 젖어들 뿐

빗소리
불타는 소리에

강아지는 자장가 삼아서
낮잠을 청하네

가끔 누가 이겼나
게슴츠레 한쪽 눈 치켜떠 보네

여유

아침
인생의 커피 향

찻집
어울림의 그림자

번뇌
흩어지는 담배연기

찻잔
차있다 비워지는 마음

인생
채우려 애쓰다 비우고 가는 길

봄을 지운 임

갈 거란
조짐도 없이
그렇게 당신은 가야만 했나요

봄꽃이
흐드러지게 피려 한 날
나를 두고 그렇게 황급히 가야만 했나요

내가 그대를 지켜보는 고통을
괴로워할까 봐
당신은 그렇게 그렇게 가셔야만 했나요

식지 않은 당신의 미래의 손길
나는 어쩌란 말인가요
그게 그저 지켜보아야만 하나요

잔인한 봄날
말할 수 없는 슬픔의 봄날
당신은 그저 생의 아픔으로만 남겠죠

희망

그대를 기다립니다
한 숨 한 숨 넘어오던 길
어떻게 왔나 모르게

숨이 찰 땐 울었습니다
한 숨 한 숨 넘던 길
견뎌 견뎌 왔더니

어느 순간
숨이 가쁜 해지며
미소가 나를 솟아오르게 합니다

이제야 석양 노을도
세상이 슬퍼하고
웃는 것도 보입니다

지금 그대를 기다립니다
이제는 한숨이 차지 않는
지나 온 언덕길 뒤 돌아보며

시작 노트 ─✳

자유 자유를 원한다
시에는 자유가 있다
내 세상이다

내뱉었다
모든 것에서
자유로웠다

또 주워 담았다
세상을 음미해 가면서

시가 태어났다
2022년 10월의 끝자락에

여름 가을 겨울 봄

도이

도이

논리적인 사색가이자 세상을 이해하며 사랑하고 싶은 사람이다.

대학병원 간호사로 사회의 첫걸음을 시작했으며 퇴사 후 꿈을 찾기 위해 두 번째 걸음을 내딛는 중이다. 명확한 도착점은 찾지 못했으나 그 과정에서 의미를 발견하는 중이다. 자신이 별나다고 생각해도 두려워하지 않았으면 한다. 그런 삶을 살고 있는 한 사람으로서 말이다.

인스타그램: @life_mintruly

초여름

선선한 바람이 뺨을 스치고
덥고 습한 더위 한 떨기 이마에 흐른다

나는 지금 어른에서 아이로 돌아가는 중

아빠가 카메라로 웃는 모습을 사진으로 담았던 것처럼
엄마가 안 방에서 낙서 꽃을 그리며 써 내려가던 글처럼
친구와 피아노 건반 위를 타고 놀던 것처럼
숨이 턱 끝가지 차올랐던 방과 후의 나처럼

싱그러운 초여름
어른의 나 대신
아이로 돌아가는 시간

시원한 바람 한 줌 벗 삼아
흐르는 땀 한 방울 흘리며 나로 돌아가는 중

다가올 내가 기다려지는 지금은
스물일곱의 초여름

회전목마

햇살에 고개를 들어봐
고개 숙인 아이야, 무엇을 고민하고 있니?
싱그러운 초록잎이 속삭인다

드넓은 초원을 달리는 말이 되고픈 아이는
회전목마처럼 제자리만 맴돌고 있어 슬프다고 한다

아이야, 그거 아니?
끝없는 초원을 달리는 말은 끝없는 초원만 볼 수 있지만
회전목마는 조금 재미가 없어도 볼거리가 많단다.

아이야 고개를 들어봐
꼭 감은 눈을 살며시 떠보는 건 어때?
싱그러운 초록잎이 묻는다

밤이 되었어
거리를 수놓는 형광빛의 조명과
행진하는 화려한 퍼레이드를 봐

어때?

회전목마가 여전히 돌고 있어도
주변을 환히 밝히는 미소가 예쁘구나
바람을 빌린 초록잎이 속삭였다.

곶감

둥근 곶감 하나 말릴 수 있어도
둥근 너 하나는 못 말리겠다

판나코타 푸딩

생크림과 설탕에 젤라틴 한 장을 녹여 만든
판나코타 푸딩을 먹어볼까?

달콤한 판나코타 한 입에 허탈한 웃음이 피식
달콤한 판나코타 한 입에 어제의 기억이 문득
달콤한 판나코타 한 입에 눈물이 툭

달콤함 뒤에 가려진 내 슬픔이 한입 두입 밀려온다

다시는 먹지 않을
기억 속에 남을
한 덩이 판나코타 푸딩

수채화

처음엔 잘 그려지지 않았다
희끄무레한 네가 어떻게 그려질지 몰랐다

안녕이라는 아침인사를 주고받고
잘 자라는 끝인사를 기다리며
색채는 진해져 갔다

잘 그려지지 않던 네가
세상을 물들이고 있었고

물감을 칠해 갈수록
도화지는 옅지만 천천히
선명해져 갔다

마침내 완성된 너는 나의
지워지지 않을 단 하나의 수채화

북이

네가 보는 모든 세상을 밟은 투박한 발바닥
살갗이 조금 까진 단밤 같은 둥근 코
가을 단풍을 닮은 붉은 털까지

단풍을 장난감 삼아 쏙 숨어버리지만 마라
찾기 힘든 마음은 이루 말할 수 없을 테니

먼지떨이 같은 네 헬리콥터 꼬리
무슨 생각을 하는지 알 수 없는 순진무구한 눈동자
그리고 가끔 보여주는 빵야빵야

개인기를 무기 삼아 숨 죽은 듯 있지만 마라
네가 없는 세상은 표현할 수 없을 테니

10월의 가을

사과 대추를 먹다가
아삭. 쿵.
세찬 바람소리에 고개를 돌려보니
10월의 비바람이 짧지만 세차게 불어온다

밤을 줍다가
뾰족. 툭.
나를 찌르는 10월의 밤송이가 나무에서 떨어진다

가을 곡식 거두려다가
영차. 쑥.
새참에 힘 받아 10월의 벼를 쑥 빼내어본다

흘린 땀 씻어내며 고봉밥 듬뿍 먹고 대청마루에 누워보니
하이고. 털썩.

청명한 하늘 우러러 보며 깊은 숨 쉬어보니
단추 트인 듯 시원해지는 가을이 불어온다

하루를 돌아보니
지금을 어찌 사랑하지 않을 수 있겠는가 싶었다

은파

어스름한 노을빛이 손을 타고 흐른다
잔잔한 파도가 눈동자에 넘실거린다
밀물과 썰물은 건반이 되어 모래 위를 넘실거린다

태양과 달이 서로를 마주 보고 인사하는 순간
파도를 타고 흐르는 가장 큰 연주가 시작된다

철썩
철썩철썩

자정, 보름달이 가장 높이 떠있을 시간
시작되는 클라이맥스
파도가 온 바다를 아우른다

막이 내려가기 시작할 즈음 끝이 나는 오늘의 연주

다가올 태양에게 손을 건네며
은빛 파도는 오늘도

철썩
철썩철썩

연희동

연희동 고즈넉한 옛집에서
커피 향 가득한 가을을 들이마신다

물결치는 모자이크 유리 사이로
흔들리는 빛이 나를 내리쬐다가
파도가 되어 옆자리로 비켜간다

반사되는 빛을 벗 삼아 고개를 휙 돌려보니
긴 머리의 백발 신사 겨울 한 모금 들이키고 있다

겨울은 어떤 맛인가요?
가을은 깊어 그지없던데

한 입만 빌려주세요
가시기 전에 겨울 한 모금 마셔보고 싶어요
대가는 가을로 퉁쳐도 되지요?

침묵

알고 있다.
모든 사람에게 사랑받을 수 없다는 것을
그럼에도 아프지 않아서
축축한 행주로 마른 바닥을 닦았다

써 내려갔다.
네게 사랑받을 수 없다는 건 마음 아픈 일이어서
마른 무화과를 툭툭 썰었다

침묵했다.
지켜내고 싶었으나 지켜내지 못한 마음으로
진한 에스프레소 내리듯 마음을 눌렀다

울고 있는 사람이 보여서 그저 바라만 보았다
모든 것을 품고만 있었다

민들레 홀씨

바람이 분다
세상의 거친 아픔에 홀씨 하나 날아간다

햇살이 따뜻하다
콘을 타고 한 방울 떨어지는 아이스크림처럼
홀씨 하나 낙하한다

눈이 내린다
이글루가 되어 추운 품을 내어주는 하얀 손들에
민둥 해진 몸을 맡겨본다

동그란 몸이 돌고 있다

다시 온 봄에 수많은 홀씨들이 지구 위에 흩날리고 있다
사계절을 겪어온 마음들이 다시 떠날 준비를 하고 있다

자유로이 흩날리며 세상을 여행할 수도
단단한 뿌리를 내려 향기 나는 꽃이 될 수도 있는
나는 민들레 홀씨

시작 노트 ─※

누구보다 찬란해야 하는 시절
누구보다 빈둥거리며 철없이 보냈다.
아이처럼. 천진난만하게.

하지만 철없는 순간을 부정하지는 않으려 한다.
되려 소중할지도 모른다.

하나 둘 쌓이고 쌓인 철없는 경험들이
내가 겪은 다채롭고 소중한 시간들이
나를 성장시켜 주었고 어른의 시간을
버티게 할 원동력임을 알기에
순간들을 믿어 의심치 않으려고 한다.

계절 속에서 느낀 감정들을 목차로 나열해보자면,

「여름」 성장과 싱그러움, 추억
「가을」 성숙과 인생
「겨울」 기다림과 다가올 미래
「 봄 」 세상에 대한 이해와 사랑이다.

사계절을 잘 터득한 내게 쓰담쓰담 손짓과 동시에 발자취를 남기고 싶었으며,
「여름 가을 겨울 봄」을 함께 읽음으로써
독자들에게 철부지 시절의 감정들을 공유하며 나누고자 시 쓰기를 시작했다.

서론은 접어두고 본론으로 함께 가보실까요?
시작합니다. 도이의 여름, 가을, 겨울, 봄.

Q) 도이님. 왜 시작이 봄이 아닌가요?
A) 제 시작은 여름부터였기 때문이에요!

푸른 달은 은하수 아래 뜬다

신월

신월

하나의 존재가 가지는 다채로운 모습을 보기 위해 노력합니다. 화려하기에 아픈 꽃, 작기에 빛이 나는 유리가루 같은 것들 말이죠. 무엇보다 모자람에 가치로운 초승달(신월)을 사랑합니다. 만월에 비해 부족하지만 그렇기에 아름다운 신월처럼 스스로의 결핍을 인정하고 나만의 유일한 가치를 전달하는 글을 쓰고 싶습니다.

인스타그램: @sinwol_sugacrescent

신월

흰 종이에 내뱉은 혼란들이 달필의 가죽을 덮는다.
호수에 뜬 달 그림자
내던지는 환호는 해수면에 비칠 뿐
끝내 깊이에 이르지 못했다.

애써 이룬 부족함. 눈물은 이기적이나
흐르는 것은 욕심인가 동정인가.
아, 만월 전의 겸손인가?

틀 속에 한계까지 눌러 담은 밥알이 싫어서
멋대로 뭉치면 부서지는 것 말곤 없겠지.

차라리 흙이 되고 싶다.
바스라짐마저 눈부시게
무엇이든 빚을 수 있는 처음의 열정으로

모자람에 가치로운 푸른 이름.
새벽녘 어스름에 붉게 물들어 뜬다.

철쭉

울긋불긋 피워내어
가는 이의 발길을 잡는구나.

모두의 이목을 끌고자 너희는
조금 더 높이
조금 더 멀리
가지를 뻗쳐내었다.

어찌 이리도
치열하게 피워냈을까.
붉게
또 아프게 피워냈을까.

피워낸 노력의 흉터
아리고도 아리따운
피같은 붉음마저도 시리다.

겨우살이

나무 위에 겨울이 피고 봄은 내 마음에 꽃을 피웠으면

우리에 대하여

애써 짜내도 나오지 않는 마음을 잘라
억지로 남은 양을 확인했다.
닳고 닳은 손 마디를 헤집어 파도
묻어나옴 없는 굳은 조각이었다.

무화과나무 아래
솜털에 불어오는 하늘한 꽃바람.
엷은 하늘색 자전거와 그 뒤에 타고 오르자.

바위 붙은 이끼처럼 아쉬운 관계
미처 접지 못한 손수건 끝, 맞지 않는 꼭짓점

나는 매일 그렇게 무언가를 씻어냈다.
커피로 속을. 세제로 그릇을. 비누로 얼굴을.
그저 그 무언가이길 바라며.

버려진 만년필은 삭고 삭아도
도대체 누굴 그렇게 기다리는 것일까.

도무지도 쓰고픈 건 시가 아니었다.

정말로 슬프지가 않아서

사진기를 들이밀지 않는데도 웃음을 지어 보였던 때가 언제인지
시간을 세다 문득 시간 속에 고꾸라졌다.

바람이 어디서 부는지 모르면
아파하지 않고서는 견딜 수 없으리라.
도저히 알 수 없었던 건 모든 것이 바람이었기 때문일까.

이유도 모르게 찍힌 눈물 자국에
도리어 안도함을 느껴버린

젊음은 기도 속에 가라앉았다.

세상의 반영인 거울 속
그럼에도 비추는 건 나의 모습
깨뜨리는 게 두려워 하염없이 울어재끼고 말았다.

안녕은 나에게서

가을비.
이미 젖은 어깨.
뻗은 손.
겨우 가린 하늘.

파도와 눈 속에서 죽을 수 있다면

커피향 향기 어린 창가에서
나는 죽을 것이었다가 죽었다가
또 죽을 것이었다.

파도친 돌가 하얀 산봉우리 지으면
아린 품속 눈사태 일 듯
봉우리 꼭대기에 부서져 내린다.

이내 아무도 밟지 않은 설원 위
찬찬히 자국을 남겨
밀려든 울컥함에 눈을 감아내리

커피향 향기 어린 창가에서
나는 죽었다가 죽을 것이었다가
다시 죽어가고 있었다.

마지막 소망에

잊고 잊히며

꽃차 옷자락 쏟으면 잊지 못하실까 하여
그걸로는 부족해 봄에 비나 한참 내렸으면

실을 엮어 한 올 한 올 목도리를 짜다
매듭 끝에 잊지 않고 오실까 하여
완성될 즘 곱게 풀어 다시 짤까 하고

추억 삼은 옥비녀를 꼭꼭 숨겨도
언제 또 조각내어 아름아름 주었는지
이곳에 있었네
여기에도 있었구나

계절만을 초롱불에 새기었습니다.
기다림이 당신임을 잊을까 하여

수심

돌멩이가 호수에 가라앉는 것은
호수의 탓일까.
돌멩이의 탓일까.

종이로 접은 비행기

하얀 백지 접어 손끝에. 팔 뻗어 보내면
날아내더라도 땅을 떠나지 못하는

때맞춰 놓아주지 못해
손과 함께 곤두박질치던 날
날개는 야속하게도 곱고 곧았습니다.

연은 실에 묶여도 하늘을 나는데
땅을 떠나도 날지 못하는 난
어디에 매여 있는 걸까요.

바닥으로의 비행을 보며
혹여 뭉쳐 던지면 멀리 갈까 생각하셨을까요.

높이 본 하늘 끝에
태양 빛 날개 태워 떨어진대도

날아라 날아라 날아올라라

말해주셨다면 오죽이나 좋았을 텐데

시작 노트 ─✳

펜을 처음 손에 잡은 건 기억조차 나지 않는 어릴 때의 일이지만 본격적으로 글을 쓰기 시작한 건 고등학생 때부터였다. 힘든 입시 생활을 견디다 도저히 참을 수 없어지는 순간에 노트 앞으로 도망을 쳤다. 미래에 대한 두려움과 부담, 약간의 우울함과 근거 없는 자신감 같은 감정들을 쏟아 시라는 이름으로 내뱉었다. 시인척하는 혼란일 뿐이었지만 그 순간만큼은 나를 둘러싼 모든 현실과 고난을 잊어버릴 수 있었다.

혼자만의 도피처였던 원래 목적과 달리 점차 글을 읽어주는 사람들이 생겼다. 그러나 관심이 커질수록 실력에 비해 과분한 칭찬을 받는 것이 한없이 부끄러웠다. 스스로가 재능있다며 우쭐대면서도 이뤄낸 결과물이 충분하지 않을 정도로 한심하게 느껴져 온전히 기뻐할 수 없었다. 한동안은 글을 쓰지 못할 정도였다.

어느 날 밤거리를 산책하다 하늘에 뜬 초승달을 보게 되었다. 보름달이 되기 위해 모든 시간을 쏟는 초승달이지만 그 부족한 존재 자체만으로도 너무나 아름답게 느껴졌다. 실제로 보름달보다 초승달 관련 상품이 더 많이 만들어지는 걸 보면 객관적으로 좋아하는 사람이 많을 것 같기도 하다. 밤하늘에 빛나는 푸른 신월을 바라보며 생각했다. '부

족해도 되지 않을까? 그럼에도 이렇게 아름다울 수 있는데.' 내가 모자람을 부끄러워하지 않고 작가의 꿈을 꾸기 시작한 것도, 필명으로 신월이라는 이름을 정한 것도 이날 이후부터였다.

　유명한 작가가 명언으로 말했듯이 일상의 아름다움은 어디에나 있지만 누구나 그것을 볼 수 있는 것은 아니다. 흔히 말하는 시적인 순간을 발견하려면 끝없이 노력해야 한다. 내 일상을 송두리째 바꾼 신월을 마주한 순간처럼 평범한 것들을 평범하지 않게 볼 수 있는 사람이 되어 그들이 건네는 시적인 순간을 붙잡고 싶다. 일상의 아름다움이 나에게 말을 걸고 내가 그 목소리에 집중하는 한, 셀 수 없이 많은 시제들이 나의 종이에 그 이름을 새기게 될 것이다.

눈 밭에 발목까지 푹

정승민

정승민 경기도에서 태어나 여러 곳을 떠돌며 지냈습니다. 강원도, 경상도, 서울, 경기도, 충청도. 마음속 고향은 존재하지만, 사람과 함께 남은 고향은 없습니다. 수학, 과학을 좋아해서 공학을 전공했습니다. 취미는 달리기랑 영화 감상인데, '라라랜드'를 가장 좋아합니다.

블로그: blog.naver.com/shallowidea

뒤죽박죽

정해진 때를 놓쳐갈 때
앞서가는 것보다 따라가는 게 익숙할 때
깊고 조용히 울었다

겸손하지 못한 마음과
겸손할 수 없었던 마음이
무거운 구름이 되어 낮을 따라다녔고

사랑받지 못한 하루와 움츠린 내 방이
커다란 가시가 되어 손끝, 발끝을 찌르며
끝나지 않는 밤을 주었다

어쩔 수 없는 운명이라 느껴질 때
내려다본 내 손금은 뒤죽박죽

대나무

대나무야 우리가 올곧다고 널 부르는 걸 알고 있니
너는 그게 무엇이냐 궁금하겠지
쉽게 변하지도 흔들리지도 않는 마음이야

빽빽하게 모여서 바람을 나누고 뿌리를 얽혀 팔짱을 끼고
어떠한 조각난 마음도 속에 담아두지 않을 때
그렇게 단단해졌구나

나는 이제 혼자가 되는데
하늘만 바라보고 자란 내가
너희와 같아질 수 있을까

밤바다

색도 삼켜버린 밤바다가 파도만 뱉어내고 있을 때
삼켜져 헤매고 싶다
나의 눈도 색을 잃어버리고
심장도 희망을 잃어버리겠지
모든 것이 빠져나간 그곳에선
나를 용서할 수 있을까

춤

4월 깜깜한 춘천 밤하늘 아래 춤을 춰요

어린아이가 부모에게 자랑하듯

어른들이 아팠던 굳은살을 털어내듯

당신과 함께 부끄러움 없이 춤을 춰요

등에서 흐르는 땀은 지나가는 바람에게 맡기고

훔쳐보는 달과 별은 용서하기로 해요

우리의 얼굴에 웃음이 넘쳐 행복을 알아갈 때

멈추지 않기를 원해요, 함께하는 이 춤이

끝나지 않았으면 해요, 눈부신 이 밤이

손

당신의 손가락만 잡던 손이 처음으로 손바닥을 맞닿을 땐
어땠나요
훌쩍 커버린 온기에 놀랐나요 아니면 불안했나요

나와 손 높이를 맞추기 위해 기울이던 허리와
작은 보폭을 맞추기 위해 망설이던 발걸음

내 손이 더 높은 곳에 있고 발걸음은 크고 빨라져
여전히 맞추기 위해 힘들지는 않나요

높고 빠르고 싶을 때, 낮고 느리게
낮고 느릴 때, 높고 빠르게

우리의 손은 평생 맞을 수 없게 지나가지만
마음은 언제나 같은 속도였다는 걸 알고 있어요

신기루

햇빛은 뜨겁고 바람은 시원할 때
서있고 싶기도 하고, 움직이고도 싶을 때
생각나요
눈부신 햇살에 찡그린 표정과 바람에 흩날리는 긴 머리카
락이 지금 내 앞에 있는 것처럼
계절은 여름도 가을도 아닌 정의되지 않는 신기루 같고
순간 속에서 나를 홀리네요, 신기루가 되어

울음

소리 내어 우는 걸 잊어버린 나는
외로운 눈물은 손등으로 품어내고
새버린 소리는 다시 내 안에 가두기 바쁘다
적막하고 건조한 울음이 되었을 때
어디선가 크고 애처로운 소리가 들린다
어린아이의 '엄마'하고 목청이 나갈 듯 우는소리에
울음에 단어가 있었던걸 기억한다
누군가 애타게 나를 찾으며 운다면 사랑하지 않을 수 있을까
슬퍼서 울지만 사랑을 하게 되는 마법 같은 울음
다시 갖고 싶어, 헤매고 있다

할머니의 눈물

할머니의 피부는 메말라 있어서
고된 세월이 붉은 입술을 다 가져가 버려서
숨길 수조차 없게 온몸에 나이테를 만든다

빼앗기지 않은 두 곳
수없이 눌려진 단어들로 채워진 두 눈은
별조차 없는 밤하늘 같고
햇살에 녹아 끝을 모르고 맺혀 있던 물방울은
작은 미안함과 고마움에도 흔들려 떨어진다

메마른 피부 위 숨 쉬던 눈물은
금방 자취를 감추지만
마주 보는 내 눈은 잊지를 못한다

나비

　나비가 날아가는 모습을 가만히 보고 있으면 위태로워 보인다는 생각을 하게 됩니다

　자신의 몸보다 큰 폭으로 떨어졌다 올랐다를 반복하는 움직임 때문입니다

　저러다 쿵 떨어질 것 같은 걱정과 날아가는 신기함에 잠시 넋을 놓고 바라봅니다

　그리고 걱정한 게 우습게도 한번, 두 번 더 자신의 비행을 뽐내고 사라집니다

　나도 한번 날아보고 싶다는 생각에 계단 위에서 팔과 다리를 흔들며 뛰어내려봅니다 반짝 날았다는 느낌조차 없이 떨어집니다

　미흡한 마음에 다시 한번 올라가지만 결과는 언제나 동일합니다

　위태롭다고 느껴지던 나비의 모습이 아름다운 동작으로 보이는 건

　나도 날아봤기 때문일까요

가을

어느새 입고 나온 반바지 밑으로
날카로운 서늘함이 느껴지면
말없이 지나간 옛 친구 소식 떠오른다

삶을 더욱 치열하게 했던 여름을 보낸 것과
가질 수 없는 것은 보내줘야 할 겨울이 온다는 것에

나는 가을의 물음에 뭐라고 답할 수 있을까
웃으며 내 계절의 이야기를 들려줄지
대답을 피하게 될지
울며 토해낼지

이야기를 마친 잎사귀들은 낙엽으로 떨어지고
멀어진 낙엽과 하늘 사이에서
오래도록 입을 열지 못하는 나는
답을 찾지 못한다

시작 노트 ─✳

  보고, 듣고, 경험한 모든 것에서 작은 느낌이라도 받으려고 노력합니다. 갑자기 생각난 문장 하나로 시를 쓰기도 했습니다. 그래서 부실한 시들도 많아서 스스로 부족함을 계속 느낍니다. 전체적으로 밝은 느낌의 시보다는 고민하고, 걱정하는 감정이 많아서 놀라기도 했습니다. 그렇지만 제가 평소에 가지고 있는 마음이라 결과를 부정할 수는 없었습니다. 비슷한 고민을 하셨던 분들에게 공감이 되었으면 좋겠습니다.

  대부분의 시가 직관적이라 '밤바다'에 대해서만 약간의 해설을 작성하겠습니다. 저는 종종 바다를 보고 있으면 들어가고 싶은 마음을 느낍니다. 완벽하게 갖춰진 상태가 아닌 불완전한 모습으로. 그 속에서는 당연히 저는 헤매고 어디로 가야 할지 모를 겁니다. 특히, 어두운 밤바다는 빛조차 없으니깐. 누구나 불완전한 그곳에선, 실수를 용서하고, 자책을 멈출 수 있지 않을까. 하는 마음으로 작성했습니다.

행복한 소통

이세원

이세원   저는 책 읽기를 좋아하고 정적인 활동도 좋아하지만 여행하기랑 맛집 찾아 가는

것도 좋아합니다.

앞으로 나들이도 자주가고 여행도 해보려고 합니다.

블로그: blog.naver.com/comosmile

스마일 smile

누워서 뒹굴뒹굴
사진 하나 사진 둘
사진 셋 얼굴 들여다보며
미소를 지어요

그대는 뭐하고 있을까
하루하루 각자의 바쁜
일상속에 그대의 목소리를 들어요
미소를 지어요

분홍색 접시에 담긴
음식을 보며
행복을 느껴요
삶의 활력소지요
미소를 지어요

스마일 티셔츠
스마일 컵
스마일 그대 얼굴 보며
미소를 지어요

국밥

이른 아침에
국밥 먹으러
버스를 타네

손님이 없는 조용한
식당에 나혼자 자리를 잡아
순대국밥 한그릇

소주한잔 곁들여
캬 세상에서
내가 제일 행복한 사람

함께 할 이 있다면
국밥과 소주 마시며
도란도란 이야기 나누고 싶네

혼밥도 행복해
언젠가 함께 할 이 있다면
함께 국밥과 소주 한잔하고 싶네

함께 해요

나혼자 세상에 남겨진 느낌
방황하고 있을 때
네가 함께 해줬으면 좋겠어

그대 내게 올지 안올지
몰랐지만 기다리고 있었어
어느날 그대 내게
손을 내밀어 주네
내 입가에 미소가 흐르네

함께 손을 잡고
먼 바다로 항해하네
세찬 바람에도 끄덕 없어

그대의 눈동자 미소에
마음은 녹아내리고
그대의 이야기에 귀기울여
오늘도 안식처를 얻네

함께 해줘서 감사해

이젠 우리

많이 엇걸렸네요
그대 내게 오기까지 시간이 걸렸죠
서로의 끈을 쉽게 끊을수가 없죠

우리 눈물도 흘렸어요
서로 다른곳을 바라 보았죠
서로 바라보며 이야길 하죠
우린 이제 놓치지 말아요

한시도 그댈 내버려 둘수가 없죠
그대 다른곳을 바라볼까봐
항상 그대 주위를 맴돌죠

나만 바라보길 바라는 마음
내손만 잡아주길 바라는 마음
내 큰 욕심인가요

그대 이제 나만 보아요
우린 이제 서로의 마음을 알죠
이대로 이젠 우리 영원히 함께 해요

아침의 움직임

걷는다. 하늘을 본다
속삭인다.
말을 건넨다
예쁜 양떼 구름
그대에게 보낸다

오늘 하루도 하늘을 보며
시작한다
그대에게 달려간다.
속삭인다
오늘도 파이팅 하세요

나의 이야기들이
그대에게 힘이 되기를
오늘 하루도 하늘을 보며
시작한다

파란 하늘 양떼 구름이
그대를 닮았다

노래

따뜻한 봄날
달콤한 바람
따뜻한 햇살
그대 두눈 감고
이름을 부르네

부드러운 목소리
달콤한 미소
따뜻한 마음
두손 꼬옥 잡고
걷고 싶네

예쁜 꽃길을 걸으며
긴작한 목소리로 속삭이네
흘깃 한번 쳐다보며
걸어가네
그대 두눈 마주쳤네

예쁜 두손 꼬옥 잡고
함께 걷고 싶네

눈물

처음으로 체념하고
마음이 갈팡질팡 하던날
눈에 고인 눈물
심장이 쿵하고 발버둥 치네

하늘은 아파 보여요
그대 눈물 닦아주고 싶네
오해로 상처받고 엇갈리던 순간들
이젠 한길로 함께 걸어요

눈에 고인 눈물
머릿속에 돌고돌아
심장이 아프다 하네

처음 본 눈물
마음 속에 비가 내려요
이 공기를 놓칠 수가 없어

곁에서 오래도록 남고 싶어요
함께 해줘서 눈물 나도록 고마워

소중한 그대에게

분홍빛 입술
소중한 한마디 한마디
그대의 이야기를 듣고 있으면
심장이 벅차 올라

소박한 얘기들
솔직한 한마디 한마디
난 그대의 이야기를 듣고 있으면
모든 얘기가 내것 같아

난 그대의 모든 것이 좋아
처음엔 좋은 사람이라 좋았는데
지금은 그대의 능력마저도
매료되어요

참 소중한 그대
내 곁에 영원히 머물러
우리 오래오래 함께 해요

잠이 온다

점심 먹고 나면
졸음이 확 몰려와
커피를 마셔도 졸려
그냥 집에 창물 열고
대자로 뻗고 싶네

시원한 바람 솔솔 불어와
그냥 누워서 잠만 자고 싶네
양 한 마리
양 두 마리
양 세 마리
졸린다. 잠이 온다. 자고 싶다

일주일 잠만 자면 좋겠네
뱀 한 마리
뱀 두 마리
뱀 세 마리
겨울잠 자고 싶네
빨리 겨울이 왔으면...

시작 노트 ─※

이번에 시를 쓰면서 너무너무 행복했다. 성시경과 소통한 지 502일이 되었다. 가수 성시경의 유튜브를 접하면서 광적 팬이 되게 하였다. 소통하면서 영감을 얻어서 쓴 시들과 나의 일상에서 느꼈던 점들을 포함해 9편의 시를 탄생시켰다.

22년 2월 책을 출간한 후에 어떤 글을 쓸까 고민했었다. 9월에 이렇게 시를 쓰면서 나의 글쓰기에 대한 목마름을 해소할 수 있었던 것 같아 너무 후련하고 행복하다.

글쓰기에 대한 애정이 더 각별해졌다. 시를 쓰면서 내 감성이 더 풍요로워지는 느낌이었다.

앞으로 시도 꾸준히 써보고 싶다.

민병경

죽 사람 신기들이 죽 정해 이야기

김태정 아이들과 농작물을 가꾸러 텃밭에 나가 감자도 캐고 무도 뽑고 주변에 모여있는 개미떼를 보면서 땅도 파고 매일매일의 일상생활에서 어느날 동시공모전에서 위와 같은 주제로 입선해 어린이를 위한 동시100선에 실리게 되었습니다.

이메일 : wn6628@naver.com

풍선

노랑풍선 바람 타고 동실동실 도 동실
파랑풍선 바람 타고 둥실둥실 두둥실

동네 꼬마 친구들 하나 둘 모여
하늘 위로 풍선을 날려보고

야~! 잡았다 내풍선
어디 갔지 내풍선!
야~! 찾았다 내풍선
두리번두리번 풍선을 찾는 동네 꼬마친구들

알알이 모인 씨앗들 파라티 슈 잡으며
높이높이 풍선을 날려보고
빙글빙글 돌아보는 동네 꼬마친구들 모습과 얼굴에선

하하호호 행복 가득한 오늘과 내일

숲 속 봄 동산 친구들

꽃들이 방긋방긋 미소 짓고
살랑살랑 봄바람이 안아 주는
숲 속 작은 동산에 봄이 찾아왔어요

나풀나풀 나비와 친구가 되어
나비처럼 훨훨 날아보고

윙윙 윙윙 꿀벌과 친구가 되어
꽃잎에 앉아 꿀 한 줌 입에 물고

짹짹짹 짹 참새와 친구가 되어
벚꽃나무 위에 앉아
푸드덕푸드덕 날개 짓 할 때
하늘하늘 벚꽃이 휘날리네

바람 타고 찾아온 꽃눈은
봄 동산 친구들 머리 위로
사뿐히 내려앉네

숲 속 농장 나들이

엄마 아빠 손 잡고 숲 속 농장 나들이 가요
할아버지 할머니 손 잡고 숲 속 농장 나들이 가요
친구 손 잡고 숲 속 농장 나들이 가요

숲 속 농장에는 울긋불긋 새콤이 딸기가 있어요
숲 속 농장에는 둥글 동글 동글이 방울토마토가 있어요
숲 속 농장에는 삐죽삐죽 삐죽이 오이도 있어요

울긋불긋 새콤이 딸기 하나 따 엄마 아빠
입속에 쏙 넣고
둥글 동글 동글이 방울토마토 하나 따 할아버지 할머니
입속에 쏙 넣고
삐죽삐죽 삐죽이 오이 따 친구 입에
쏙 넣어줬더니 앗! 따가워~
얼굴 찌푸리는 친구의 모습

엄마 아빠 얼굴에선 몽글몽글 뭉게구름 떠다니고
할아버지 할머니 얼굴에선 덩실덩실 어깨춤 보이고
나와 친구의 얼굴에선 방글방글 미소 짓는
숲 속 농장 나들이

도토리

휘이휙 휘이휙
높은 나무 가지 위에서
가을바람 타고
도토리 가족이 미끄럼틀 타며
하나 둘 셋 내려옵니다

아빠 도토리 둥근 가방 어깨에 메고
엄마 도토리 네모 도시락 허리에 차고
아기 도토리 세모 모자 머리에 꾹 눌러쓰고

가을 햇살 받으며 소풍을 갑니다

나비의 숨바꼭질

푸릇푸릇 초록 동산에
나풀나풀 노랑나비, 하얀 나비
민들레 꽃에 벚꽃에 고개 숙여
숨바꼭질합니다.

노랑나비
민들레 꽃에 꼭꼭 숨고
하얀 나비
벚꽃에 꼭꼭 숨고

심술쟁이 꽃샘 아줌마
휙 하고
지나가자
노랑나비 팔랑팔랑 날아가고

얄미운 먹구름 아저씨
뚝뚝 빗줄기를
분수처럼 뿜어대자
하얀 나비 펄럭펄럭 날아가네

사계절 친구들아 나랑 같이 놀자

봄 여름 가을 겨울
친구들아 나랑 같이 놀자

알록달록 꽃잎의 봄의 친구 호랑 나비야
복수초 꽃잎 속에서 꿀을 빨고 있어도
나는 찾을 수 있어
나랑 같이 놀자

철석철석 파도처럼 목청 높여
나뭇잎에 매달려 우는 여름 친구 매미야
나무껍질에 매달려 있어도
나는 찾을 수 있어
나랑 같이 놀자

공처럼 둥근 솔방울 가을 친구 무당벌레야
솔방울에 매달려 있어도
너의 점박이를 보고
나는 찾을 수 있어
나랑 같이 놀자

이글루 미라 겨울 친구 애벌레야
솜털로 칭칭 몸을 감고 있어도
나는 찾을 수 있어
나랑 같이놀자

봄 여름 가을 겨울
사계절 친구들아 우리 같이 놀자

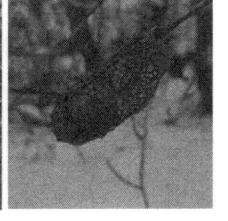

옛날 옛적 우리의 색깔놀이

노란 치자 빨간 소목
전통염색 물감들
손수건을 펼칠 땐 원하는 모양이
수를 놓는다

색감은 카멜레온
촉감은 뭉게구름

염색한 손수건 머리에 묶고
어깨에 두르고, 팔에 감고
멋진 포즈와 함께 패션쇼

현대의 색과 우리의 전통색이
형형색색 어우러져

오색빛의 찬란함에
고운 자태를 뽐내는듯한
아름다운 변신의 발견

단풍나무 열매

검붉은 빛이 온산천을 물들이며 달리는
단풍나무
이른 봄 눈 깜짝할 사이
꽃이 피고 지네

한여름 연둣빛 잎에
빨간 모양의 열매
살랑살랑 부는 바람
붉게 물든 다섯 손가락

단풍나무 열매는 팔랑개비가 되어
하늘에서 바람 타고 빙빙 돌며
부메랑이 되어
내게 다시 돌아온다

나를 반기네

후드둑 후드둑
빗방울이 떨어지더니

뚝뚝 뚝뚝 주룩주룩
밤새 비가 내린 어느 날

나는 시골길을
걸어간다

밤새 비를 맞은
강아지 풀들은 고개 숙여 인사하고
우산풀들은 손을 흔들어주네

숲 속에서 들려오는
찌르찌르찌르 찌르르르르
쓰르쓰르쓰르 쓰르르르르

풀벌레의 합창소리가
시골길을 걷고 있는
내 귓가에
아직도 맴돌고 있네

눈의 변신

밤새 소리 없이 내린 눈은
온 산천을 하얀 눈꽃 나라로 뒤덮고
석영이와 도진이는 물감통을 들고
눈 밭으로 달려갑니다

알록달록 물감통 흔들흔들
눈 쌓인 눈밭에 뿌려줍니다

하얀 물감통 흔들흔들
하얀 눈에
뿌려주면 나무 가지가지 사이로
팝콘이 톡톡

빨강 파랑 물감통 흔들흔들
하얀 눈에 뿌려
큰 동그라미 작은 동그라미 찍으면
물고기가 살랑살랑 헤엄치고

빨 주 노 초 파 남 보 물감통 흔들흔들
하얀 눈에 뿌려주면

하늘빛을 수놓은 일곱 빛깔 무지개들이
구름다리 사이로 얼굴을 비추네

토요일 오후는 벤치에 앉아 쉬다 가세요(N행 시)

토요일

요일마다

일사처리로 진행되는

오후 2시 5기 온라인 1반

후회는 안 하는 나

는 오늘도

벤

치

에

앉

아

쉬

다

가

세

요

시집을 꺼내 들고 함께 했던 그날을 회상한다

그리고 하늘을 향해 읊조린다

다들 잘 지내시죠?

시작 노트 —✶

경기도 여성 가족 재단에서 어린이날 100주년 동시 공모전에 입선을 계기로 주변에서 동시에 재능이 있다는 말을 듣게 되었습니다. 정말 재능이 있는 줄 알고 동시를 직접 적으로 배워 보아야겠다는 생각을 가지게 되었고 아시는 선생님의 추천으로 글 에고를 알게 되었습니다.

매주 토요일 6주에 거쳐 시를 배우고 한주 한주 배울 때마다 이렇게도 시를 쓰는구나 이런 시도 있구나 하는 생각을 했고 1:1 피드백과 함께 참여해주신 분들의 합평을 통해 긍정적인 말씀 한마디 한마디에 용기를 얻을 수 있었습니다. 오랜 시간 영·유아들과 생활하다 보니 글의 소재와 주제가 시의 배경이 되었습니다. 영·유아들에게 자율적이고 주도적으로 모든 감각과 지각을 통해 주변환경과 숲이라는 자연환경에 호기심을 갖고 발견, 탐색, 놀이하는 과정으로 학습하다 보니 다양한 경험을 통해 오감을 자극할 수 있는 생태놀이환경, 자연환경 등을 시에서 많이 표현했고 수원 형만의 특색프로그램인 전통예절 또한 소·주제가 된 것 같습니다.

작은 소망이 있다면 모든 부모님 들과 이 시를 공유하고 싶고 기회가 된다면 영·유들을 위한 개인 시집에 도전해 보고 싶습니다.

토요일 오후는 벤치에 앉아 쉬다 가세요

발행 2022년 12월 31일
지은이 송산호, 김경아, 담월, 도이, 신월, 정승민, 이세원, 김태정
라이팅리더 여한솔
펴낸이 정원우
펴낸곳 글ego
출판등록 2019.06.21 (제2019-000227호)
주소 서울특별시 강남구 테헤란로216, 12층 A40호
이메일 writing4ego@gmail.com
홈페이지 http://egowriting.com
인스타그램 @egowriting

ISBN 979-11-6666-239-3

KB096352

홍 차 와 함 께 하 는

명화 속 티타임

1판 1쇄 발행 2023년 8월 28일

지은이 Cha Tea 홍차교실
옮긴이 박지영

펴낸곳 북드림 | 펴낸이 이수정
편집 이자연 | 북디자인 슬로스

등록 제2020-000127호
전화 02-463-6613 | 팩스 070-5110-1274

e-mail bookdream@bookdream.kr

ISBN 979-11-91509-41-0 (03920)

※ 파본은 구입처에서 교환해 드립니다.
※ 책 값은 뒤표지에 있습니다.

저자 소개 Cha Tea 홍차교실

2002년 개교한 홍차 교실로, 도쿄 니시닛포리(西日暮里)에 있는 대표 강사의 영국식 주택을 개방하여 강좌를 열고 있다. 미술 전시 감수, 드라마나 영화의 대본 감수를 비롯하여 티룸 오너, 홍차 강사 등도 양성하고 있다. 2021년 니시닛포리에 홍차·영국 과자 전문점을 개점했다. 저서로『영국 빅토리아 시대의 라이프 스타일』(AK커뮤니케이션즈, 한국어판 출간),『영국 찻잔의 역사』,『영국 홍차의 역사』,『홍차로 시작된 영국 왕실 도자기 이야기』(모두 한국티소믈리에연구원, 한국어판 출간), 감수한 책으로『사전 홍차의 모든 것(紅茶のすべてがわかる事典)』(나쓰메사) 등이 있다.

역자 소개 박지영

한국외국어대학교 대학원에서 일본 근대 문학과 비교 문학을 전공했다. 일본의 전통문화가 근대의 신문물 속에서 재해석되고 발전해 온 과정을 연구하고 있다. 옮긴 책으로『시키와 소세키 왕복 서간집』,『헝클어진 머리칼』(모두 지만지) 등이 있다.